思维导图

图解 新质生产力

MIND MAPS ON NEW QUALITY PRODUCTIVE FORCES

人民日报人民论坛杂志社 主编　　李晓华等 著

人民东方出版传媒
People's Oriental Publishing & Media
东方出版社
The Oriental Press

时间脉络

2023年12月11—12日

中央经济工作会议强调:"要以科技创新推动产业创新,特别是以颠覆性技术和前沿技术催生新产业、新模式、新动能,发展新质生产力。"

2023年9月7—8日

习近平总书记考察黑龙江时首次提出"新质生产力"概念,并强调:"积极培育新能源、新材料、先进制造、电子信息等战略性新兴产业,积极培育未来产业,加快形成新质生产力,增强发展新动能。"

思维导图图解

习近平总书记关于新质生产力系列重要论述

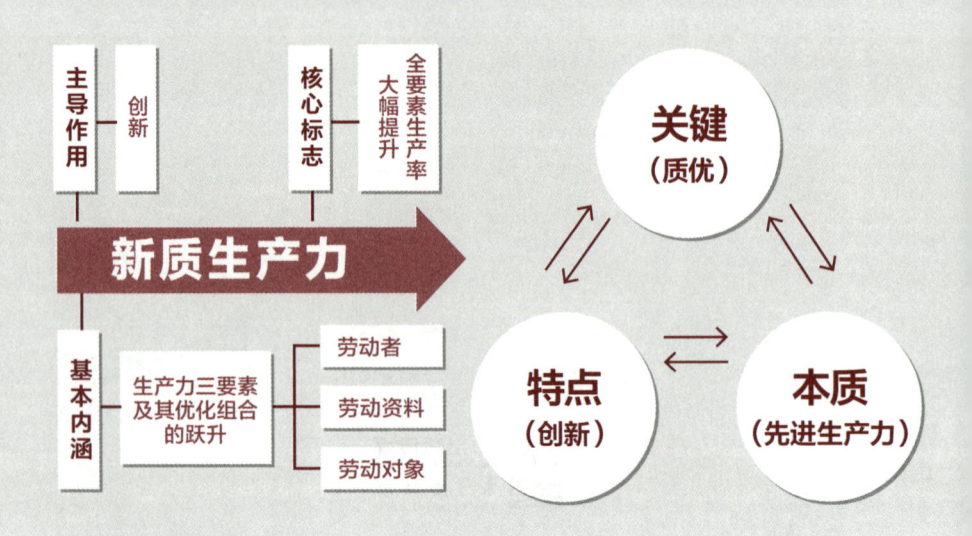

新质生产力

- 主导作用：创新
- 核心标志：全要素生产率大幅提升
- 基本内涵：生产力三要素及其优化组合的跃升
  - 劳动者
  - 劳动资料
  - 劳动对象

- **关键**（质优）
- **特点**（创新）
- **本质**（先进生产力）

2024年1月31日

习近平总书记在中共中央政治局第十一次集体学习时强调，要加快发展新质生产力，扎实推进高质量发展，并就新质生产力进行了理论总结，指出新质生产力的内涵特征、重大意义和发展重点等。

2024年3月6日

习近平总书记在看望参加全国政协十四届二次会议的民革、科技界、环境资源界委员时强调："要进一步增强科教兴国强国的抱负，担当起科技创新的重任，加强基础研究和应用基础研究，打好关键核心技术攻坚战，培育发展新质生产力的新动能。"

2024年3月20日

习近平总书记在湖南省长沙市主持召开新时代推动中部地区崛起座谈会时强调："要以科技创新引领产业创新，积极培育和发展新质生产力。"

2024年3月5日

习近平总书记参加十四届全国人大二次会议江苏代表团审议时强调："各地要坚持从实际出发，先立后破、因地制宜、分类指导，根据本地的资源禀赋、产业基础、科研条件等，有选择地推动新产业、新模式、新动能发展，用新技术改造提升传统产业，积极促进产业高端化、智能化、绿色化。"

2024年3月7日

习近平主席出席十四届全国人大二次会议解放军和武警部队代表团全体会议时强调："要增强创新自信，坚持以我为主，从实际出发，大力推进自主创新、原始创新，打造新质生产力和新质战斗力增长极。"

2024年3月21日

习近平总书记听取湖南省委和省政府工作汇报时强调："科技创新是发展新质生产力的核心要素。"

新质生产力 等于 **绿色生产力** 绿色是高质量发展的底色

核心要素：科技创新催生 | 新产业 | 新模式 | 新动能

2个"摆脱"
- 摆脱传统经济增长方式
- 摆脱生产力发展路径

3个特征
- 高科技
- 高效能
- 高质量

3个催生因素
- 技术革命性突破
- 生产要素创新性配置
- 产业深度转型升级

加快培育新质生产力的6方面要求

一、加强科技创新特别是原创性、颠覆性科技创新

1. 加快实现高水平科技自立自强
2. 打好关键核心技术攻坚战
3. 增强科教兴国强国的抱负
4. 担当起科技创新的重任
5. 加强基础研究和应用基础研究

二、及时将科技创新成果应用到具体产业和产业链上

- 改造提升传统产业
- 培育壮大新兴产业
- 布局建设未来产业
- 完善现代化产业体系

三、加快发展方式绿色转型，助力碳达峰、碳中和

1. 牢固树立和践行绿水青山就是金山银山的理念，坚定不移走生态优先、绿色发展之路
2. 加快绿色科技创新和先进绿色技术推广应用，做强绿色制造业，发展绿色服务业，壮大绿色能源产业，发展绿色低碳产业和供应链，构建绿色低碳循环经济体系
3. 持续优化支持绿色低碳发展的经济政策工具箱，发挥绿色金融的牵引作用，打造高效生态绿色产业集群
4. 在全社会大力倡导绿色健康生活方式

1. 围绕发展新质生产力布局产业链，提升产业链、供应链韧性和安全水平，保证产业体系自主可控、安全可靠
2. 围绕推进新型工业化和加快建设制造强国、质量强国、网络强国、数字中国和农业强国等战略任务，科学布局科技创新、产业创新
3. 大力发展数字经济，促进数字经济和实体经济深度融合，打造具有国际竞争力的数字产业集群

四

进一步全面深化改革，形成与之相适应的新型生产关系

1. 深化经济体制、科技体制等改革，着力打通束缚新质生产力发展的堵点卡点，建立高标准市场体系，创新生产要素配置方式，让各类先进优质生产要素向发展新质生产力顺畅流动

2. 扩大高水平对外开放，为发展新质生产力营造良好国际环境

五

牢牢把握高质量发展这个首要任务，因地制宜发展新质生产力

1. 发展新质生产力不是忽视、放弃传统产业，要防止一哄而上、泡沫化，也不要搞一种模式

2. 各地要坚持从实际出发，先立后破、因地制宜、分类指导，根据本地的资源禀赋、产业基础、科研条件等，有选择地推动新产业、新模式、新动能发展，用新技术改造提升传统产业，积极促进产业高端化、智能化、绿色化

六

按照发展新质生产力要求，畅通教育、科技、人才的良性循环，完善人才培养、引进、使用、合理流动的工作机制

1. 根据科技发展新趋势，优化高等学校学科设置、人才培养模式，为发展新质生产力、推动高质量发展培养急需人才

2. 要健全要素参与收入分配机制，激发劳动、知识、技术、管理、资本和数据等生产要素活力，更好体现知识、技术、人才的市场价值，营造鼓励创新、宽容失败的良好氛围

目录

第一篇 新质生产力的内涵和外延

- 准确把握新质生产力的内涵要义 / 张乐等　003
- 新质生产力的理论本质与核心命题 / 贺俊　011
- 深刻认识新质生产力的内涵、特征及其意蕴变化 / 王勇　021
- 新质生产力的主要特征与形成机制 / 李晓华　031
- 新质生产力形成发展的强大动力 / 杜传忠　041
- 科学把握新质生产力的发展趋向 / 杨丹辉　056
- 新质生产力的核心产业形态及培育 / 庞瑞芝　066
- 战略性新兴产业发展态势探究 / 陈宪　079
- 新质生产力发展的全新赛道
  ——兼论颠覆性创新的推动作用 / 李晓华　091

第二篇 因地制宜发展新质生产力

- 因地制宜推动新质生产力加快发展 / 涂永红 106
- 以新质生产力发展推进中国式现代化建设 / 张乐 119
- 以全面深化改革开放促进新质生产力发展 / 黄卫平 132
- 新质生产力条件下全面深化改革的基本特点 / 李军鹏 148
- 加快形成新质生产力的着力点 / 蒲清平 161
- 加快培育和形成新质生产力的主要方向与制度保障 / 宋葛龙 174
- 发展新质生产力的时代要求与政府作为 / 黄恒学 192
- 以新促质:战略性新兴产业与未来产业的有效培育 / 王宇 202
- 激活数据要素价值,发展新质生产力 / 欧阳日辉 215
- "数据要素×"与"东数西算":全国一体化算力网建设的关键 / 汪玉凯 228
- 科技创新为新质生产力"蓄势赋能" / 谢梅 244
- 汇聚新质生产力发展的绿色动力 / 杜黎明 254
- 为新质生产力发展提供人才引领支撑 / 孙锐 264
- 以法治推动新质生产力发展,破除堵点卡点 / 邓建鹏 279

第一篇

新质生产力的内涵和外延

准确把握新质生产力的内涵要义[*]

2023年9月，习近平总书记在黑龙江考察时首次提出"新质生产力"，指出"整合科技创新资源，引领发展战略性新兴产业和未来产业，加快形成新质生产力"[①]。在此期间召开的新时代推动东北全面振兴座谈会上，习近平总书记强调，积极培育新能源、新材料、先进制造、电子信息等战略性新兴产业，积极培育未来产业，加快形成新质生产力，增强发展新动能。

从"新"和"质"两个维度理解新质生产力的内涵

张乐：马克思主义认为，物质生产是人类社会存在和发展的基础，生产力是塑造现实的力量，是人们在劳动过程中改造自然界的人力与物力的统一。生产力有多种划分方式：有物质生产

---

[*] 访谈嘉宾：中国社会科学院工业经济研究所研究员李晓华、山东大学政治学与公共管理学院教授张乐、中国社会科学院工业经济研究所二级研究员杨丹辉和南开大学经济与社会发展研究院教授庞瑞芝。

[①] 《牢牢把握在国家发展大局中的战略定位 奋力开创黑龙江高质量发展新局面》，《人民日报》2023年9月9日。

力和精神生产力之别，也有先进生产力和落后生产力之分，也可以从生产力的属性特征上将其分为传统生产力和新质生产力。

杨丹辉：理解新质生产力的内涵，可从其区别于传统生产力的"新"和"质"两个维度出发。其中，新能源、新基建、新（数据）要素、新产业体现出生产资料、劳动对象和生产方式的"新"，高素质人才、高质量发展、高水平开放则构成了劳动者和生产力发展模式的"质"。

李晓华：新质生产力的"新"表现在构成生产力的要素发生新变化。不仅有量的变化更要有质的跃升。"质"的跃升表现在主导技术、生产资料、劳动对象和劳动者发生质的变化，进而使产品形态、产业结构和发展质量发生明显的改善。

庞瑞芝：新质生产力涉及领域新、技术含量高，是科技创新密集型生产力，其核心特征是创新驱动。从投入—产出的生产经济学视角看，新质生产力代表对传统生产力的跃迁和能级的提升。

杨丹辉：新质生产力具有先进性、引领性，其最核心的内涵和最突出的特征在于科技创新，这也是新质生产力与传统生产力最大的差别。总体来看，世界范围内生产力发展仍在很大程度上依靠劳动投入和资本积累。对于后发国家而言，工业化往往采取赶超式发展模式，以此形成的生产力则带有鲜明的"量"的扩张。20世纪60年代以来，科学技术作为第一生产力的影响日益巩固强化。近10年来，新一轮科技革命和产业变革为生产力发展注入了新活力，前沿科技和新兴产业所涉及的创新活动与知识传播对生产力的再造超越了传统生产力的范畴。特别是当数据成为要素后，它们既作为生产资料又作为劳动对象参与到生产和交易过程中，大大丰富了生产资料和劳动对象的类型，生成了以更新质态、更高质量为本质特征的新质生产力，从而实现生产力发展"量与质"的协调统一。

张乐：新质生产力在性质上属于创新驱动型生产力，其中科学技术创新是推动其发展的恒久动力。在农耕时代，生产力的发展主要依赖人力的大量投入，在有限的土地上实施精耕细作来换取有限的产出以维持个体生存和社会缓慢发展；在工业时代，生产力的快速发展更多依靠资本扩张、高能耗生产资料的使用和低廉劳动力的投入；在新一轮技术革命背景下，新质生产力发展的核心驱动力量来自科学技术的创新。

马克思反复阐明科学就是生产力。邓小平同志进一步指出"科学技术是第一生产力"。党的二十大报告明确提出"科技是第一生产力、人才是第一资源、创新是第一动力"[①]。高新科技是新质生产力发展的决定性因素，正是通过科学新发现、技术新发明、产品新研发、服务流程再造，全社会的生产效率得到质

---

① 《习近平著作选读》第1卷，人民出版社2023年版，第28页。

的跃升，创造出前所未有的社会财富，极大地满足人民对美好生活的向往。

新质生产力的形成与质量衡量

李晓华：新质生产力的形成，表现为新科技的成熟和广泛应用、新兴产业的发展壮大，为经济发展注入新动能，使经济发展的效率、效益和质量显著提高。当前提出加快形成新质生产力，就是要适应新一轮科技革命和产业变革的需要，通过前沿科学技术突破，加快战略性新兴产业和未来产业的培育、发展壮大，实现生产力的新一轮跃迁。

杨丹辉：新质生产力在人与自然关系中发挥的作用不再局限于征服、改造物质世界，而是具备了绿色低碳的内涵和特征，成为能够满足由工业文明向生态文明跃升要求的可持续生产力。

传统工业化模式下，人类生产活动消耗大量不可再生的资源，无节制地排放自然界难以承载的污染物，导致人与自然的关系失衡。新质生产力的培育形成正是对由劳动者、生产资料、劳动对象所组成的生产力三要素的全面而深刻的变革，通过将新质生产力源源不断地投入现代化产业体系之中，从技术创新、理念创新、制度创新三个维度重塑人与自然的关系，为应对全球气候变化，维护国家能源和资源安全提供更加清洁、可持续的生产力保障。

张乐：新质生产力具有新的质量衡量标准。判断生产力水平的高低，关键在于该生产力的内在质量能否源源不断地培养新产业、形成新模式、造就新业态。

其一，新质生产力形成的一个重要标志就是出现了战略性新兴产业和未来产业。战略性新兴产业是以重大技术突破和重大发展需求为基础，对经济社会发展全局和长远发展具有重大促进和带动作用的产业集群，具有知识技术密集、产业融合性高、物质资源消耗少、综合效益好等特征，像新一代信息技术、生物技术、新能源、新材料、高端装备就是其中的突出代表。未来产业主要指当前尚处于孕育孵化阶段的产业形态，具有高成长性、前瞻性、先导性的产业，主要包括类脑智能、量子信息、基因技术、高速网络、深海空天开发、新型储能等代表人类社会未来发展方向的技术培育出来的产业类型。

其二，衡量新质生产力质量的第二个标准是形成经济社会发展新模式。在生产领域，服务型制造新模式得到快速发展，通过工业设计服务、定制化服务、供应链管理、共享制造、柔性制造、检验检测认证服务、全生命周期管理、总集成总承包、节能环保服务、生产性金融服务等模式革新，实现制造业和服务业深度融合、产品与服务重构。在消费领域，培育发展出数字消费、绿色消费、定制服务、体验消费、智能消费等新模式，满足人们多元化和智能化需求。

其三，新业态是衡量新质生产力质量的第三个标准。新业态是指顺应消费者个性化的产品或服务需求，依托技术创新和应用，从现有产业和领域中衍生叠加出的新环节、新链条、新活动。在数字时代，新业态具体表现为以互联网为依托开展的经营活动蓬勃发展，包括在线教育、互联网医疗、平台经济、共享经济、无人经济、新个体经济（微商电商、网络直播等）、微经济（微应用、微产品）。当新业态成为经济社会发展的重要组成部分，成为驱动高质量发展的重要支撑时，新质生产力将为经济社会的发展注入强大活力。

新质生产力将开辟发展新赛道，塑造发展新优势

庞瑞芝：当前，全球科技创新进入空前密集活跃期，新一轮科技革命和产业变革正在重构全球创新版图、重塑全球经济结构，这与我国加快转变发展方式形成历史性交汇。在此背景下，面向前沿领域及早布局，提前谋划变革性技术，夯实未来发展的技术基础，引领发展战略性新兴产业、培育未来产业，加快形成新质生产力，是不容错过的重要战略机遇，对我国实现经济高质量发展具有重要意义。

张乐：发展新质生产力不仅可以巩固我国当前的经济社会发展成果，还可以在未来国际竞争中赢得战略主动。随着新一轮科技革命和产业变革的持续推进，我国抓住在新材料、新能源、人

工智能、量子技术等高技术附加值的新领域与其他先进国家地区"同台竞技"的新机遇，在发展新赛道上，依据对技术方向和商业模式的判断，定义新产品、新生态，创建自主产业价值链、建立产品服务差异化优势，以提高国际竞争力，实现跨越式发展。

新赛道的开辟会塑造发展新优势。一是通过创造性破坏，彻底改变人类社会的生产方式、生活方式和治理模式。大数据、生成式人工智能、元宇宙技术等日益成熟与产业化落地，极大提高了整个社会数字化和智能化水平，越来越多的"黑灯工厂""智能车间""智慧教育""智慧医疗诊断""数字治理服务"等应用场景显著提高着生产效率、生活品质和管理服务水平。

二是促进产业的升级转型，让旧赛道焕发新生力量。像风能、太阳能、生物能等可再生能源技术的创新推广，让火电、水电的升级改造有了动力和技术基础，水电站转化为抽水储能电站让其重新进入新能源的发展新赛道，而服装制造业在数字化转型赛道中积极实施信息化、智能化、定制化改造，完成了赛道的华丽转身，建立了新的发展优势。

三是积蓄发展动能，在国际竞争中保持领先优势。通过加快实施创新驱动战略，在核心技术上实现一系列突破性进展，开辟新发展赛道，发展新兴产业、培育未来产业，释放强劲生产动能。数据显示，2023年上半年，我国电动汽车、锂电池、光伏产品等"新三样"产品合计出口增长61.6%，新能源汽车出口的增速超过传统燃油车。2023年，装备制造业增加值比上年增长6.8%，占规模以上工业增加值比重为33.6%；高技术制造业增加值增长2.7%，占规模以上工业增加值比重为15.7%，我国制造业智能化转型保持良好发展态势。光伏新增装机量占新增电源总装机比重超50%，工业机器人新增装机总量全球占比超50%、超高清视频产业规模超过3万亿元，第一批国家级战略性新兴产业集群已经表现出市场需求大的独特优势。

杨丹辉：新质生产力发育发展存在不确定性。这种不确定性源自其"新"，即作为新质生产力主要载体的新兴领域和未来产业，其内涵与外延始终处于动态变化之中，概念边界模糊势必会给理论研究、统计分析、政策投放带来诸多挑战和困难。值得注意的是，能够产生新质生产力的颠覆性创新活动本身具有一定的破坏性，在新质生产力与传统生产力兼容，或者完成对传统生产力替代的过程中，必将伴随着一系列社会经济成本和决策风险，其中较为典型的事实是人工智能、机器人对劳动的替代，这既给劳动者实现自身充分发展创造了新机遇，也对人的发展"韧性"及其与生产方式的适配提出了新要求。从生产力与生产关系这一基本矛盾出发，新质生产力能否在（部分）取代传统生产力的同时，创造新价值，扩宽经济活动的范围，形成增长的新动能，不仅取决于新技术迭代节奏，还需要建立与之相适应的治理体系、开发有效的政策工具。

新质生产力的理论本质与核心命题*

新质生产力发展的经济学本质,是一个相对于传统生产函数更加有效的生产函数。在这个函数中,制度创新在驱动技术创新的同时,也驱动资本和劳动等要素进入生产效率更高的技术和产业领域,从而提高生产效率和经济发展水平。在新质生产力分析框架和关键命题中,逻辑起点是制度供给,落脚点是以全要素生产率为核心的经济效率,中间路径和实现机制是技术驱动下的资本、劳动等生产要素的高效组合和利用。因而,新质生产力的国家间竞争,表面上是新技术和新产业的竞争,本质上则是制度竞争。

新质生产力的经济学理论内涵

新质生产力是在经济增长的大背景下提出的。因此,剖析新质生产力问题的经济学本质要回到基本的经济增长理论。如

---

* 作者:贺俊,中国社会科学院工业经济研究所研究员,中国社会科学院中小企业研究中心主任。

果将新质生产力的形成和发展理解为经济增长的动力和过程，就可以基于经济增长理论构建一个有关新质生产力的经济学分析框架。根据经典的经济增长理论，经济增长包括资本投入、劳动投入、技术创新和制度创新四个要素。相应地，具有技术革命性突破、生产要素创新性配置、产业深度转型特征的新质生产力，也可以从新资本、新劳动、新技术和新制度四类要素加以理解。其中，新资本和新劳动向新技术和新产业的配置，是新技术和新产业发展的必要条件。新资本和新劳动向数字经济、生物技术、新能源等生产效率更高的新技术和新产业领域流动，可以提高资源配置效率。新技术和新制度实现了资本和劳动新的组合和利用，推动了技术前沿的拓展和动态效率的提升，促进了全要素生产率的提升，从而推动了经济增长。也就是说，从抽象物化要素的角度看，新质生产力发展的经济学本质，是一个相对于传统生产函数更加有效的生产函数。在这个函数中，制度创新在驱动技术创新的同时，也驱动资本和劳动等要素进入生产效率更高的技术和产业领域，从而提高生产效率和经济发展水平。

如果将新质生产力的四类要素映射到具体的经济活动主体上，则新质生产力体系由相应的投资者、劳动者、技术创新者和制度供给者四类主体构成。需要强调的是，政府、企业、公民等社会主体常常同时承担投资者、劳动者、技术创新者和制度供给者中的多重角色。其中，新质生产力体系中的投资者主要是金融机构和企业家，企业家既是金融机构投资的对象，也是投资者；劳动者包括从简单劳动到复杂劳动的所有受雇者；技术创新者主要是主动组织商业和研发活动的企业家和研发组织管理者。一名科研人员是属于从事复杂劳动的劳动者还是技术创新者，取决于其是具有企业家属性的研发组织者，如战略性科学家，还是被组织从事科研活动的科研工作者。如果科研工作者具有类似于企业家承担风险并组织研发活动的功能，就属于技术创新者，而不是劳动者；作为政策的主要制定者，政府是新质生产力基本制度的主要供给者。[1] 从经济主体的角度看，新质生产力的经济学本质是一个有效的经济体系。在这个体系中，具有强烈发展导向的政府通过推进制度性改革，充分激发企业家和科研组织者的技术创新和商业模式创新活力，并以更低的交易成本促进资本所有者和劳动者，将财务资本和人力资本投资到具有良好市场前景的新技术、新产业和新模式中，各类主体紧密互动并相互赋能，不断深化市场分工、扩大市场容量，实现经济可持续发展。

---

[1] 姚洋：《制度与经济增长》，文汇出版社2022年版，第201—215页。

新质生产力的三个核心命题

在理论层面将新质生产力抽象为生产函数和经济体系的基础上，进一步剖析新质生产力的发展条件和规律问题，实际上就是要理解构成新质生产力的生产要素或经济主体之间的关系。新质生产力的四个构件之间的关系看似复杂，但其中有三个核心命题。

一是新技术牵引新资本、新劳动的形成和配置，是发展新质生产力的核心机制。一方面，突破性技术的大规模出现和应用打开了新的投资机会窗口，促进新的资本快速形成。同时，新技术结构与新资本结构对劳动提出了新的要求，促进了劳动结构和技能结构的转变，从而促进了新的就业。虽然没有资本的形成，就不可能有技术的进步，但不是所有的投资都能形成新的技术，低效率的、仅仅是产能重复的投资不仅不能生成技术，而且可能因恶性竞争和产能过剩而损害创新者的积极性。正因此，2023年中央经济工作会议强调，要扩大有效益的投资。这意味着，当短期增长目标与长期创新目标发生冲突时，经济管理部门和地方政府做出决策的主要考虑应当是鼓励创新，而不是激励非创新性的投资，这就要求领导干部要从传统的投资和短期增长导向转为创新导向。另一方面，金融市场和劳动力市场的改革要有利于资本和劳动向新技术、新产业流动，特别是金融资本要能够以更低的成本配置到效率更高的民营企业和代表新质生产力方向的高技术创业企业中，没有被充分利用的高质量劳动力可以通过创业等方式流动到效率更高的产业和企业。总之，将创新置于发展新质生产力的核心位置，就是通过不断发展新技术，增加新的投资机会和就业机会；通过提高资本和劳动的配置效率，促进这些要素向新质生产力汇聚。

二是新制度牵引新技术的涌现和商业化，是推动新质生产力发展的源头动力。新质生产力所要求的技术创新是大规模涌现的突破性创新，如果既有的体制机制和政策体系无法满足新一轮科技革命和产业变革的要求，就需要推动形成新的制度供给。制度结构不仅影响技术创新的方向和强度，而且决定资本和劳动等生产要素能否被有效配置到新的技术和产业领域，有效的制度供给至关重要。不同于传统生产力，新质生产力所依托的新技术、新产业处于技术探索和产业萌发阶段，此时的技术创新和产业化都具有高度的不确定性，政府和企业家都难以精准洞察未来的主导技术路线和主导商业模式，即呈现所谓的"大规模试错"产业发展特征。[1] 这时，基于市场竞争的大量企业的技术和商业探索，对于最优技术路线和主导商业模式的形成至关重要。纵观人类工业发展的历史，后发国家无不是因为

---

[1] 黄群慧、贺俊：《赶超后期的产业发展模式与产业政策范式》，《经济学动态》2023年第8期。

提供了更加有力的产权保护、更加公平的市场竞争环境，而实现了新技术和新产业的赶超。为此，应对科技成果、数据要素、商业模式等构成新质生产力的核心要素提供更加有效的保护和利用，促进要素的有效组合和市场试错。充分激发政府、企业、科研院所等各类主体的活力，包括通过加快推进国家治理体系和治理能力现代化，激发更多领导干部敢于担当作为；通过加强知识产权与公平竞争法治保障，促使更多企业家成为创新型企业家；通过科技体制改革，支持更多科研人员开展原始性创新。

三是全要素生产率是评价新质生产力发展绩效的重要维度，因而要以效率为中心组织和激励经济活动。既然制度创新、技术创新、资本和劳动的配置质量最终要看是否提升了全要素生产率，既然新质生产力的根本特征是能够大幅提升全社会的生产效率，那么整个社会在经济领域的激励结构和评价体系就不能偏离生产效率提升这一核心维度。那些推动了技术创新和商业模式创新的企业家，能够获得应得的市场利润和法律保护；那些推动了有效制度和政策供给的领导干部、做出了重大科学发现的科学家、取得了突破性创新成果的科研工作者，能够获得合理的经济回报和社会尊重。只有将全要素生产率提升的理念贯穿于个人、组织、社会激励的各个层面，才能形成全社会追求创新、敢于创新的氛围，使我国经济成为新质生产力生根发芽成长的沃土。

新质生产力的理论本质与核心命题

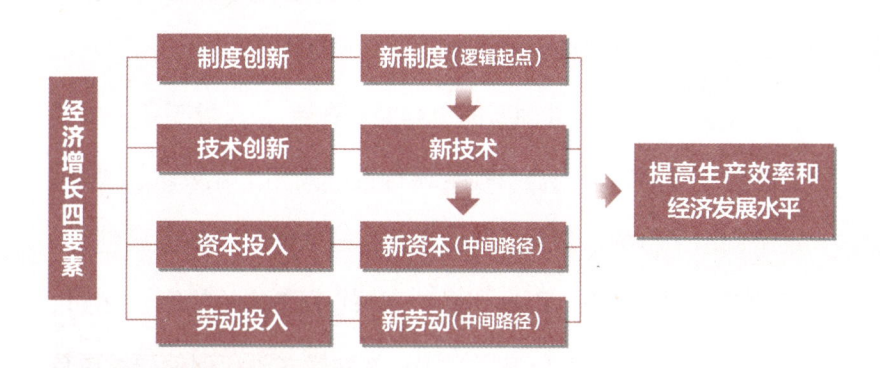

理论内涵

经济增长四要素:
- 制度创新 → 新制度（逻辑起点）
- 技术创新 → 新技术
- 资本投入 → 新资本（中间路径）
- 劳动投入 → 新劳动（中间路径）

→ 提高生产效率和经济发展水平

核心命题

发展的核心机制 →	新技术牵引新资本、新劳动的形成和配置
推动的源头动力 →	新制度牵引新技术的涌现和商业化
评价的重要维度 →	提升全要素生产率

加快发展新质生产力 3 大举措

- 完善有效促进创新的市场经济体制
- 在恰当的边界范围充分发挥我国制度优势
- 协调新一轮科技革命和产业变革带来的伦理挑战、收入分配挑战与技术进步之间的关系

充分发挥制度优势，加快发展新质生产力

在新质生产力分析框架和关键命题中，逻辑起点是制度供给，落脚点是以全要素生产率为核心的经济效率，中间路径和实现机制是技术驱动下的资本、劳动等生产要素的高效组合和利用。因而，新质生产力的国家间竞争，表面上是新技术和新产业的竞争，本质上则是制度竞争。

一是完善有效促进创新的市场经济体制。人类工业发展的历史证明，任何一个能够引领全球科技浪潮和工业革命的国家，一定是创造了新的、相对于其他工业化国家能够有效激励创新、保护创新的制度体系，而这正是该国核心竞争力的载体。例如，德国开创了企业研发中心组织模式，这种模式不仅促使研发更具组织性，而且企业可以更好地创造和保护其专有技术资产，因而德国在化学、机械等产业领域实现了对英国的赶超；美国创造了相对于先行工业化国家更加有效的知识产权保护制度、对股东权益保护更加有力的公司法、更加严厉的反垄断措施，因而提高了新技术和新商业模式涌现的速度；日本的终身雇佣制可以更好地激励产业工人进行专用性技能投资，因而日本企业在工艺管理和产品质量方面处于领先地位。我国要想成为新一轮科技革命和产业变革中新技术、新产业的引领者，需要在借鉴各国经验的基础上，完善能够有效保护和激励知识、数据、资本等

生产要素的制度框架,形成知识产权保护更加有力、竞争更加公平、要素充分流动的市场环境。

二是在恰当的边界范围充分发挥我国制度优势。在技术复杂且相对成熟、具有全行业技术标准或技术路线的适合政府全局协调的特定领域,更加聚焦且有效地发挥新型举国体制优势,[①]通过深化科技体制改革形成创新体系合力,将地方政府激励切实转换到追求创新和支持创新的发展轨道上来,使我国的制度优势能够与更有效的市场机制共同构成新质生产力发展的强大动力。

三是协调新一轮科技革命和产业变革带来的伦理挑战、收入分配挑战与技术进步之间的关系。数字技术、生物技术、新能源技术等领域的突破性创新和大规模产业化,为世界经济增长开辟了新空间,但这些技术也可能在社会和文化方面对人类构成前所未有的挑战。例如,人工智能技术的发展可能造成部分群体失业和收入分配极化,并在伦理层面挑战人类在经济社会中的主体地位;脑科学的发展可能损害人类的自由意志;核技术的发展可能破坏人类社会的安全底线;等等。一些西方国家在解决单纯效率问题方面具有其独特性,但在统筹公平、伦理

---

① 贺俊:《新兴技术产业赶超中的政府作用:产业政策研究的新视角》,《中国社会科学》2022年第11期。

与效率方面存在协调成本高、利益团体收买等固有的制度缺陷。为此，我国要坚持以人民为中心的发展思想，统筹兼顾效率与公平，正确处理好效率、公平、伦理三者之间的关系，开创更具包容性和可持续的新质生产力发展模式。

深刻认识新质生产力的
内涵、特征及其意蕴变化 *

新质生产力成为2024年全国两会的高频词。《政府工作报告》提出将"大力推进现代化产业体系建设，加快发展新质生产力"作为2024年政府十大工作任务之首。当前，世界迎来新一轮科技革命与产业变革，技术创新层出不穷，将给全球经济增长带来新的动能的同时，也伴随着地缘政治冲突加剧、保护主义单边主义上升等复杂不利因素。从国内来看，我国经济社会发展已经从重视经济规模的高增速转向重视效率和质量的高质量阶段，面临着经济发展中外需下滑和内需不足，周期性和结构性问题并存等难题，推动经济社会高质量发展亟需新的生产力理论来指导。

新质生产力的提出，不仅指明了新发展阶段激发新动能的决定力量，更明确了重塑全球竞争新优势的关键着力点。纵

---

* 作者：王勇，清华大学社会科学学院经济学研究所教授。

观近年来全球经济增长的新动能，都是来自新技术带来的新产业进而形成的新质生产力。在当前复杂的内外部环境下，我国经济发展更需要注重科技创新，推动产业创新，加快形成新质生产力，增强发展新动能，实现高质量发展，提升国际竞争力。

准确把握新质生产力的内涵

新质生产力是2023年9月习近平总书记在黑龙江考察调研时首次提出的。此后，中央会议多次提到加快发展新质生产力。2023年底召开的中央经济工作会议明确提出，要以科技创新推动产业创新，特别是以颠覆性技术和前沿技术催生新产业、新模式、新动能，发展新质生产力。2024年1月31日，习近平总书记在主持中共中央政治局第十一次集体学习时强调："发展新质生产力是推动高质量发展的内在要求和重要着力点。""新质生产力已经在实践中形成并展示出对高质量发展的强劲推动力、支撑力。"[1] 2024年2月29日，中共中央政治局召开会议，指出"要大力推进现代化产业体系建设，加快发展新质生产力"[2]。2024年《政府工作报告》再次提出加快发展新质生产力，"充分发挥创新

---

[1]《加快发展新质生产力 扎实推进高质量发展》，《人民日报》2024年2月2日。
[2]《中共中央政治局召开会议讨论政府工作报告》，新华社2024年2月29日电。

主导作用,以科技创新推动产业创新,加快推进新型工业化,提高全要素生产率,不断塑造发展新动能新优势,促进社会生产力实现新的跃升"[1]。

新质生产力是生产力质的跃升,具有高科技、高效能、高质量特征,由技术革命性突破、生产要素创新性配置、产业深度转型升级而催生;以劳动者、劳动资料、劳动对象及其优化组合的跃升为基本内涵;以全要素生产率大幅提升为核心标志,特点是创新,关键在质优,本质是先进生产力。

新质生产力的"新"体现在新技术、新产业两个方面。科技创新能够催生新产业、新模式、新动能,是发展新质生产力的核心要素。新技术是发展新质生产力的动力。新技术体现在重视原始创新,超越传统模仿式、渐进式的科技创新,突破关键核心技术,实现科技自立自强。例如,研制航空发动机、燃气轮机、第四代核电机组等高端装备技术,创新人工智能、量子技术、区块链等前沿领域,融合应用新一代信息技术、先进制造技术、生物科技、新能源、新材料等技术,孕育出一大批更智能、更高效、更低碳、更安全的新型生产工具,持续提升创新驱动发展能力,推动生产力跃上新台阶。

---

[1] 李强:《政府工作报告——2024年3月5日在第十四届全国人民代表大会第二次会议上》,新华社2024年3月12日电。

新产业是发展新质生产力的落脚点。要及时将科技创新成果应用到具体产业和产业链上，改造提升传统产业，培育壮大新兴产业，布局建设未来产业，完善现代化产业体系，打通科技创新、产业创新到发展新质生产力的链条。围绕发展新质生产力布局产业链，提升产业链、供应链韧性和安全水平，保证产业体系自主可控、安全可靠。围绕推进新型工业化和加快建设制造强国、质量强国、网络强国、数字中国和农业强国等战略任务，科学布局科技创新、产业创新。

新质生产力的"质"体现为高质量、高效益。新质生产力不再是传统的一味追求经济数量的增长，更加强调经济社会发展的质量和效率，大幅提升全要素生产率，是符合新时代新发展理念的先进生产力态势。新质生产力的高质量、高效益，是建立在提高全要素生产率的基础之上。全要素生产率是指经济增长中无法被资本、劳动等要素投入所解释的部分，可以反映科技创新与市场资源配置效率等。研究表明，全要素生产率对中国经济增长有重要贡献。提高全要素生产率，是促进我国经济社会高质量发展的主要动力，是实现新质生产力发展的重要途径。在"十三五"规划纲要中，"全要素生产率明显提高"第一次被作为经济发展的主要目标。党的二十大报告提出"着力提高全要素生产率"是推动高质量发展的重要环节。

新质生产力的内涵、特征及其意蕴变化

○ **主要内涵**

新技术
发展新质生产力的动力

新产业
发展新质生产力的落脚点

← "新" — 新质生产力 — "质" →

高质量、高效益
建立在提高全要素生产率的基础之上

○ **理论意蕴**

习近平经济思想的原创性贡献
对马克思主义生产力理论的创新发展和重要拓展

→ 为推动中国经济社会高质量发展提供了科学的理论指引、持久的实践动能

对中国共产党一贯重视的生产力理论的创新发展

○ **政策含义**

1. 侧重于引领发展战略性新兴产业和鼓励积极培育未来产业

2. 大力支持发展数字经济，促进数字经济与实体经济深度融合，打造具有国际竞争力的数字产业集群

3. 未来的产业发展需要更加重视需求的引领作用，即市场的引领作用

4. 全面深化改革，扩大高水平对外开放

新质生产力的理论意蕴

新质生产力理论意义深刻，既是对中国共产党一贯重视的生产力理论的创新发展，也是对马克思主义理论中国化的贡献，蕴含着重要的理论意义。

习近平总书记提出的新质生产力，不仅是习近平经济思想的原创性贡献，更是对马克思主义生产力理论的创新发展和重要拓展，为推动中国经济社会高质量发展提供了科学的理论指引、持久的实践动能。习近平总书记指出："学习马克思，就要学习和实践马克思主义关于生产力和生产关系的思想。"[1]中国共产党始终坚持运用发展的马克思主义生产力理论指导我国的发展。习近平总书记提出的新质生产力，结合了世界科技进步和我国全面建成社会主义现代化强国任务的时代背景，反映了我国新发展阶段的生产力需要从量的积累转向质的突破，体现了"随时随地都要以当时的历史条件为转移"的马克思主义基本原理，继承发展了马克思主义生产力理论。

新质生产力是对中国共产党一贯重视的生产力理论的创新发展。中国共产党一贯坚持将马克思主义基本原理同我国社会主义革命、建设和改革实践相结合。在社会主义革命和建设时

---

[1] 习近平：《论中国共产党历史》，中央文献出版社2021年版，第204页。

期,党的八大明确提出"集中力量发展社会生产力,实现国家工业化,逐步满足人民日益增长的物质和文化需要"[①]。在改革开放和社会主义现代化建设新时期,邓小平同志指出"社会主义的本质,是解放生产力,发展生产力,消灭剥削,消除两极分化,最终达到共同富裕"[②],并提出"科学技术是第一生产力"的重要理论。中国特色社会主义进入新时代,习近平总书记面对世界百年未有之大变局、新一轮科技革命蓬勃兴起、国内外经济发展具体形势,在实践中进一步深化对生产力的认识,提出了新质生产力,对生产力概念进行了新的理论跃升。

新质生产力的政策含义

新质生产力实践意义重大,为我国经济发展和产业政策制定指明了方向。习近平总书记指出,要整合科技创新资源,引领发展战略性新兴产业和未来产业,加快形成新质生产力。新质生产力是科技创新在其中发挥主导作用的生产力,应加快科技创新成果向现实生产力转化。这为我国经济发展和产业政策制定指明了方向。

一是产业政策方面,侧重于引领发展战略性新兴产业和鼓

[①]《中国共产党中央委员会关于建国以来党的若干历史问题的决议》,人民出版社1981年版,第15页。
[②]《邓小平文选》第3卷,人民出版社1993年版,第373页。

励积极培育未来产业。战略性新兴产业是以重大技术突破和重大发展需求为基础，对经济社会全局和长远发展具有重大引领带动作用，知识技术密集、物质资源消耗少、成长潜力大、综合效益好的产业。新能源、新材料、先进制造、电子信息等战略性新兴产业是引导未来经济社会发展的重要力量。未来应实施产业创新工程，完善产业生态，拓展应用场景，促进战略性新兴产业融合集群发展。巩固扩大智能网联、新能源汽车等产业领先优势，加快前沿新兴氢能、新材料、创新药等产业发展，积极打造生物制造、商业航天、低空经济等新增长引擎。

未来产业由前沿技术驱动，当前处于孕育萌发阶段或产业化初期，是具有显著战略性、引领性、颠覆性和不确定性的前瞻性新兴产业。大力发展未来产业，是引领科技进步、带动产业升级、培育新质生产力的战略选择。2024年1月，工信部等七部门发布《关于推动未来产业创新发展的实施意见》，明确提出，到2025年"初步形成符合我国实际的未来产业发展模式"，"到2027年，未来产业综合实力显著提升，部分领域实现全球引领"[1]，并提出重点推进未来制造、未来信息、未来材料、未来能源、未来空间和未来健康六大方向产业发展。未来相关政府部

---

[1]《工业和信息化部等七部门关于推动未来产业创新发展的实施意见》，中国政府网2024年1月18日。

门仍需制定未来产业发展规划，开辟量子技术、生命科学等新赛道，创建一批未来产业先导区。鼓励发展创业投资、股权投资，优化产业投资基金功能。加强重点行业统筹布局和投资引导，防止产能过剩和低水平重复建设。

二是出台政策大力支持发展数字经济，促进数字经济与实体经济深度融合，打造具有国际竞争力的数字产业集群。深入推进数字经济创新发展，制定支持数字经济高质量发展政策，积极推进数字产业化、产业数字化，促进数字技术和实体经济深度融合。深化大数据、人工智能等研发应用，开展"人工智能+"行动，打造具有国际竞争力的数字产业集群。实施制造业数字化转型行动，加快工业互联网规模化应用，推进服务业数字化，建设智慧城市、数字乡村。深入开展中小企业数字化赋能专项行动。支持平台企业在促进创新、增加就业、国际竞争中大显身手。健全数据基础制度，大力推动数据开发开放和流通使用。适度超前建设数字基础设施，加快形成全国一体化算力体系。要以广泛深刻的数字变革，赋能经济发展、丰富人民生活、提升社会治理现代化水平。

三是在鼓励创新的同时，未来的产业发展也需要更加重视需求的引领作用，即市场的引领作用。因为未来释放市场需求的空间越大，需求对相关技术、相关产业的带动作用越大。例如，航空领域的巨大客机需求推动大飞机制造技术快速创新和升级，促使我国自主研制的C919大型客机顺利投入商业运营，推动了我国航空制造业的发展。因此，相对于供给推动型，未来的产业发展模式需要更倾向于需求拉动型。

四是出台政策深化改革、优化开放。发展新质生产力，必须进一步全面深化改革，形成与之相适应的新型生产关系。要深化经济体制、科技体制等改革，建立高标准市场体系，充分释放企业家精神，为创新提供人才和资金支持，让各类先进优质生产要素向发展新质生产力顺畅流动。发展新质生产力，不仅需要在技术上取得突破，更关键的是要形成产业，塑造一批未来产业、科技产业，而产业的发展更需要融入全球市场。习近平总书记提出："要扩大高水平对外开放，为发展新质生产力营造良好国际环境。"[1]在经济全球化的背景下，全球产业链、供应链相互融通，全球公共产品属性的特征更加突出。我国要以开放、包容、合作、共赢的姿态，扩大高水平对外开放，积极推动国际产业链、供应链开放合作，推动发展新质生产力。

---

[1]《加快发展新质生产力 扎实推进高质量发展》，《人民日报》2024年2月2日。

新质生产力的主要特征与形成机制[*]

相对于传统生产力，新质生产力呈现出颠覆性创新驱动、产业链条新、发展质量高等一般性特征。

颠覆性创新驱动。传统生产力推动的经济增长是依靠劳动资料、劳动对象和劳动者大量投入的水平型扩张，不仅严重依赖要素投入，而且生产力发展速度和经济增长速度都较为缓慢。新质生产力驱动的产业发展降低了自然资源和能源投入，使经济增长摆脱了要素驱动的数量型扩张模式。与传统生产力的发展依靠渐进型的增量式创新不同，新质生产力的形成源自基础科学研究的重大突破和对原有技术路线的根本性颠覆，在此基础上形成了一批颠覆性技术群。随着这些颠覆性技术的逐步成熟，就会形成相对于传统产业而言全新的产品、生产资料、零部件和原材料，使人类可以利用的生产要素的范围极大扩展，使产业

---

[*] 作者：李晓华，中国社会科学院工业经济研究所研究员。

结构、增长动力、发展质量发生重大变革。

产业链条新。颠覆性的科技创新改变原有的技术路线，从而以全新的产品或服务满足已有的市场需求或者创造全新的市场需求，在这一过程中它会带来产品架构、商业模式、应用场景的相应改变。产业链条表现在链条的环节构成与链条不同环节的地理空间分布两个方面，颠覆性科技创新会使这两方面都发生重大改变。一方面，新的产品架构、商业模式的出现，使产品或服务生产和交付所需要的原材料、零部件、基础设施等发生根本性改变。例如，新能源汽车以电池、电机、电控系统替代了燃油汽车中的发动机、变速箱。另一方面，生产这些新的原材料、零部件的国家和企业及其所占市场份额也发生巨大变化，从而改变产业链各环节的地理空间分布。

发展质量高。新质生产力的形成和发展会全方位提升产业发展的质量，加快现代化产业体系的建立。一是提高生产效率。颠覆性技术中有很多是通用目的技术，具有强大的赋能作用，一方面会使劳动资料的功能显著提升，另一方面还会优化劳动资料、劳动对象的组合，从而提高生产效率。例如，机器人、人工智能技术替代许多原本由人工完成的工作，不仅节约了成本，而且显著提高了生产的效率、精度、良品率。二是增加附加价值。一方面，新质生产力所形成的新产品、新产业技术门槛高，掌握新技术的企业数量少，市场竞争不激烈且在产业链中具有更大的话语权,因此可以实现更高的增加值率;另一方面,新质生产力创造迎合了用户(包括消费者与企业)以前未能满足的潜在需求,开辟了新的市场,带来新的产业增长空间。三是减少对环境的影响。不可忽视的是,工业化对自然生态造成了巨大压力,而随着生活水平的提高,人民群众对美好环境的需求不断增长。新质生产力更有力地发挥科技创新推动经济增长的作用,用知识、技术、管理、数据等新型生产要素替代自然资源、能源等传统生产要素,并能够使生产活动中产生的副产品循环利用,减少产品生产和使用对生态环境的损害,形成经济增长与生态环境改善的和谐并进。优美的生态环境在满足人民群众美好生活需要的同时也创造出巨大的经济价值,真正使绿水青山变成金山银山。

新质生产力的时代特征

马克思指出:"劳动生产力总是在不断地变化。"[①]一方面,生产力划分了不同的经济社会发展时代,如农耕技术、蒸汽机和发电机、计算机分别对应着农耕社会、工业社会和信息社会;另一方面,每一个时代也具有该时代特有的新技术、新要素、新产业,生产力具有时代特征。当前新一轮科技革命和产业变革正

---

① 《马克思恩格斯选集》第2卷,人民出版社1995年版,第48页。

深入突进，颠覆性技术群包括数字技术、低碳技术、生物技术等，其中颠覆性最强、影响力最广的是数字技术与低碳技术，它们推动当前的新质生产力呈现出数字化、绿色化的特征。

数字化。当前新一代数字技术迅猛发展，云计算、大数据、物联网、移动互联网、人工智能等数字技术获得广泛应用，催生出一系列新产业并向广泛的产业部门全方位渗透、融合，区块链、扩展现实、数字孪生、量子计算等新一批数字技术也在积蓄力量，有望在不远的将来释放出推动经济增长的力量。数字技术的发展推动数字技术与产业技术、数字经济与实体经济深度融合，赋予生产力数字化的时代属性。大数据、芯片等新型数字产品成为重要的生产资料，传统的生产设备、基础设施的数字化智能化水平也不断提高。[1] 随着越来越多的产品、设备、场景和人接入互联网，数据的生成速度越来越快，泛在连接的网络基础设施、不断增强的算法和算力使得对海量数据的传输、存储、处理、利用成为可能，数据进入生产函数，成为新的劳动对象，并通过与生产工具的高效结合，实现生产力的巨大跃迁。同时，这也要求劳动者不断提高数字素养、数字技能。

绿色化。工业时代的生产和生活主要依靠化石能源，其在

---

[1] 戚聿东、徐凯歌：《加强数字技术创新与应用 加快发展新质生产力》，《光明日报》2023年10月3日。

新质生产力的主要特征与形成机制

一般性特征

- 颠覆性创新驱动
- 产业链条新
- 发展质量高

时代特征

- 数字化
- 绿色化

形成机制

- **创新驱动** 推动科技创新取得重大突破
- **产业基础** 促进新兴产业的发展壮大
- **未来布局** 加快推进未来产业的前瞻布局

政策着力点

- 提高劳动者素质
- 完善新型基础设施
- 深化体制机制改革
- 加强国际合作

加工、燃烧、使用过程中产生大量二氧化碳等温室气体和其他污染物，造成全球气候变暖趋势，从而影响人类的持续生存和发展。为应对这一问题，世界主要国家签署了致力于减少二氧化碳排放并控制累计排放量的《巴黎协定》，许多国家制定了碳达峰、碳中和的时间表和路线图。为了实现碳达峰、碳中和的目标，一方面，我们要推动新能源技术、节能技术、碳捕获、碳封存技术等低碳技术的突破，另一方面，我们要将低碳技术转化，打造低碳化的能源系统、生产系统、消费系统，实现整个社会生产和生活的低碳化。

新质生产力的形成机制

当前，新一轮科技革命和产业变革深入推进，颠覆性技术不断涌现，颠覆性创新形成的新劳动资料、新生产工具、新劳动对象的物质形态表现为国民经济中的战略性新兴产业和未来产业。这些新兴产业具有不同于传统产业的新技术、新要素、新设备、新产出，蕴含更巨大的改造自然的能力，具有更高的发展质量。推动新质生产力的形成既要加强科技创新驱动力，又要促进新兴产业的培育壮大，还要加快推进未来产业的布局。

创新驱动：推动科技创新取得重大突破。新质生产力不是由一般的科技创新推动，而是由具有颠覆性且对经济社会发展影响广泛而深远的科技创新所推动。颠覆性创新在它的早期阶段形成的新技术、新产品在性能和价格上无法与既有的技术和产品相竞争,但是它具有巨大的发展潜力,代表科技和产业发展的方向,一旦越过临界点就会释放出改变劳动资料、劳动对象的巨大力量。而且现在的"科学技术和经济社会发展加速渗透融合,基础研究转化周期明显缩短,国际科技竞争向基础前沿前移"[1],因此基础研究在科技创新中的作用日益重要。与沿着现有技术路线的增量创新不同,科技创新的不确定性大,无法在事前准确预测哪个领域会出现技术突破,无法准确判断技术突破的重要性、不同技术路线的前景、应用领域和商业化的时间,因此原有面向增量型技术创新的科技政策的效力大打折扣,应当更加鼓励科学家们凭兴趣和能力选择研究方向,而不是由政府部门确定具体的科研项目,同时不能再沿用增量型创新阶段"以成败论英雄"的科研评价方式,要允许科学家在科学探索的道路上出现失败。

产业基础:促进新兴产业的发展壮大。战略性新兴产业是以重大技术突破和重大发展需求为基础的,对经济社会全局和长远发展具有重大引领带动作用,知识技术密集、物质资源消耗少、成长潜力大、综合效益好的产业。当前沿技术或颠覆性技术进入成熟阶段、形成的产品大规模生产时就形成了战略性新

---

[1] 习近平:《加强基础研究 实现高水平科技自立自强》,《求是》2023年第15期。

兴产业。战略性新兴产业已经具有较大的规模,但仍然具有很大的市场潜力、处于快速增长的轨道上。战略性新兴产业的发展不仅形成新的日益强大的产业部门,而且许多战略性新兴产业的技术、产品具有广泛的用途,通过在其他产业的应用、与其他技术和产品的融合,能够使既有的产业部门发生效率和质量变革,从而也成为新质生产力的重要组成部分。战略性新兴产业的发展需要重大科技创新的不断突破,也需要市场的拉动和相关配套产业的支持。我国的超大规模市场优势能够给战略性新兴产业的发展以有力的市场支撑,齐全的产业门类、完备的产业生态构成了战略性新兴产业供应链形成和高效运转的基础。近年来,在我国光伏组件、风机设备、新能源汽车、自动驾驶、动力电池、互联网服务等战略性新兴产业蓬勃发展,很多进入世界领先位置。

未来布局:加快推进未来产业的前瞻布局。未来产业是指由处于探索期的前沿技术所推动、以满足经济社会不断升级的需求为目标、代表科技和产业长期发展方向,会在未来发展成熟和实现产业转化并形成对国民经济具有重要支撑和巨大带动作用,但当前尚处于孕育孵化阶段的新兴产业。[①]与战略性新兴产业相比,未来产业处于产业生命周期的早期阶段,更靠近科

---

① 李晓华、王怡帆:《未来产业的演化机制与产业政策选择》,《改革》2021年第2期。

技创新，产业的成熟度更低、不确定性更高。在未来产业赛道上，世界各国处于相同的起跑线上，面临相同的不确定性，因此成为后发国家"换道超车"的重要领域。从科技创新到未来产业再到战略性新兴产业是一个连续的光谱，但未来产业已进入商业化开发阶段，如果不及早进行布局，一旦产业到达爆发式增长的拐点，就会由于前期人才积累不足、工程技术进展慢、产业配套弱、市场开发不力而被甩在后面。因此尽管未来产业的不确定性更高、投资回报期更长、风险更大，我们也必须及早进行布局。同样由于高度的不确定性，支持未来产业的政策需要做出重大改变，应从原来选择特定技术路线加以支持的作为"跟随者"所采取的方式，转向政府进行方向引导、市场支持，更多地鼓励市场微观主体的科技创业和对技术路线、应用场景的"试错型"探索。我国市场主体多，能够在多条不同的技术路线上试错，而市场规模大、应用场景丰富的优势又给每条技术路线提供了充分的市场需求支撑。

加快形成新质生产力，政策的着力点应在以下四个方面：一是提高劳动者素质。统筹基础教育、高等教育、职业教育、继续教育等多个领域，培育形成适应新质生产力的劳动力队伍。二是完善新型基础设施。基础设施是劳动资料的重要组成部分，适应新质生产力发展需要建设大型科学装置和公共科研平台，推动连接、算力等数字基础设施建设并推动传统基础设施的数字化改造，加强适应人的更高发展需要的公共服务设施建设。三是深化体制机制改革。推动科技政策、产业政策转型，促进资本、数据等关键生产要素更充分的流动，形成各种政策以及"政产学研用金"推动科技创新和产业发展的合力，激发市场微观主体创新、创业和投资于新兴产业发展的活力和动力。四是加强国际合作。鼓励国内大学和科研机构在前沿科技领域开展国际合作，大力吸引跨国公司在我国设立研发机构和新兴产业企业；积极参与自由贸易协定谈判，推进世界贸易组织改革，推动先进技术、数据、高技术产品和服务的贸易自由化和投资便利化。

新质生产力形成发展的强大动力[*]

习近平总书记2023年9月在黑龙江考察时强调："整合科技创新资源，引领发展战略性新兴产业和未来产业，加快形成新质生产力。"[①]生产力是社会发展的最终决定力量。新质生产力是以科技创新作为主导推动力量，以战略性新兴产业和未来产业等作为重要产业载体，具有新的时代特质与丰富内涵的生产力。工业革命为新质生产力的形成发展提供了难得的机会窗口，历史上发生的三次工业革命都曾有力推动了生产力的发展，当今正在迅速发展的新一轮科技革命和产业变革也将为新质生产力的形成发展提供强大动力。我们必须抢抓新一轮科技革命和产业变革发展机遇，采取积极有效措施，加快形成发展新质生产力，为构建新发展格局、实现高质量发展、推进中国式现代化注入强大动力。

---

[*] 作者：杜传忠，南开大学经济与社会发展研究院教授、博士生导师，产业经济研究所所长。
[①]《牢牢把握在国家发展大局中的战略定位 奋力开创黑龙江高质量发展新局面》，《人民日报》2023年9月9日。

工业革命打开新质生产力形成的机会窗口

新质生产力是以科技创新作为主导力量的生产力，其形成和发展源自科技创新的推动。推动新质生产力形成和发展的科技创新不是单一的、间断的，而是由诸多新兴技术聚集在一起持续发挥作用的结果，这样的科技创新形态常常出现在工业革命的发生发展过程中，正如创新经济理论的奠基人熊彼特所指出的，产业革命中科技创新是以"簇群"方式出现的。在工业革命发生发展过程中，科技创新及其应用以及由其引起的生产方式、产业组织、商业模式等变革，共同激发和驱动了新产业、新业态、新模式的涌现和成长，由此驱动新质生产力的形成。

工业革命驱动新质生产力的形成发展可以从微观、中观和宏观三个层面加以揭示。从微观层面看，工业革命的发生发展提供的新要素和新技术，促进大量新兴企业的出现，这些新兴企业一般表现出较强的成长性和价值创新能力。从中观层面看，工业革命过程中集聚式涌现的新技术推动大量新产业、新业态、新模式加速聚集，它们表现出较强的创新能力、成长能力和市场竞争力；与此同时，新技术通过改造提升传统产业，促进传统产业转型升级，甚至使一些传统产业脱胎换骨，焕发新的活力，形成新的竞争优势。从宏观层面看，工业革命过程中的新要素、新技术、新模式等赋能宏观经济运行的各个方面，优化社会投资结构、消费结构，提升政府治理效能和宏观调控能力，进而促进了新质生产力的形成。可见，工业革命条件下的科技创新及其广泛应用，全方位作用于经济运行的各层面各环节，引起经济体系的质态变化，促进了新质生产力的形成。从生产力的构成来看，工业革命条件下的科技创新在提升劳动者素质、优化劳动对象结构、拓宽劳动对象范围的同时，也进一步提升了劳动资料特别是生产工具的效率，由此促进了新质生产力的形成和发展。

从实践看，历史上发生的三次工业革命都曾有力地推动了生产力的形成和发展，并带来要素生产率的明显提升。发生于18世纪60年代的第一次工业革命，开创了以机器代替手工劳动的时代。它以珍妮机的诞生作为开端，以蒸汽机作为动力机被广泛使用为标志，使人类社会进入"蒸汽时代"。机器作为新型生产工具代替了手工劳动，从根本上解放了劳动者的体力，极大地提高了劳动生产率。与18世纪初相比，1781—1790年世界工业生产指数提高近2.3倍；与19世纪初相比，1812—1870年世界工业生产指数提高了5.1倍多。19世纪中后期发生的第二次工业革命，以电力、内燃机等技术的广泛应用为标志，推动人类社会进入"电气时代"。一大批新兴产业如电力、化工、石油、汽车等发展起来，同时出现大规模流水线生产方式，促进劳动生产率进一步提高。以德国钢铁产业为例，1879年以后的30年，新技术与新工艺的引入使德国每座高炉的生铁产量提高了3倍，工人劳动生产率提高2.3倍以上。从20世纪下半叶开始，伴随着半导体技术、大型计算机、个人计算机以及互联网等技术的出现与广泛应用，人类社会进入第三次工业革命时期，自动化机器设备不仅取代了相当比例的体力劳动，还替代了部分脑力劳动，进一步提高了生产率水平。以美国为例，伴随着第三次工业革命的发生发展，美国经济部门小时产出年均增长率从1970—1995年的1.68%增长到1996—2000年的2.98%，提高了近一倍，2000—2005年更是达到了近3.4%的水平。

新一轮科技革命和产业变革加快促进新质生产力的形成和发展

当今世界，以大数据、云计算、人工智能等新一代信息技术迅速发展和广泛应用为主要内容的新一轮科技革命和产业变革在全球迅速发展。数字经济作为新一轮科技革命和产业变革的新型经济形态，以使用数字化的知识和信息作为关键生产要素，以现代信息网络作为重要载体，以信息通信技术的有效使用作为效率提升和经济结构优化的重要推动力，其发展速度之快、辐射范围之广、影响程度之深前所未有，正在成为重组全球要素资源、重塑全球经济结构、改变全球竞争格局的关键力量，同时也成为形成新质生产力的强大驱动力量。数字经济发展促

新质生产力形成发展的强大动力

工业革命打开新质生产力形成的机会窗口

微观层面　工业革命的发生发展提供的新要素和新技术，促进大量新兴企业的出现，这些新兴企业一般表现出较强的成长性和价值创新能力

中观层面　工业革命过程中集聚式涌现的新技术推动大量新产业、新业态、新模式加速聚集，它们表现出较强的创新能力、成长能力和市场竞争力；新技术通过改造提升传统产业，促进传统产业转型升级，甚至使一些传统产业脱胎换骨，焕发新的活力，形成新的竞争优势

宏观层面　工业革命过程中的新要素、新技术、新模式等赋能宏观经济运行的各个方面，优化社会投资结构、消费结构，提升政府治理效能和宏观调控能力，进而促进了新质生产力的形成

实践层面　历史上发生的三次工业革命都曾有力地推动了生产力的形成和发展，并带来要素生产率的明显提升

新质生产力的形成和发展

1　数据、算力等作为基本生产要素赋能生产力升级

2　数智技术应用通过深化劳动分工、优化劳动力供给结构，提升生产力各要素的功能

3　数字产业化过程产生的大量新产业、新业态、新模式，提供了强大的产业基础和驱动

4　信息通信基础设施提供坚实的平台支撑

加快形成新质生产力的措施

- 加快培育发展数据、算力等新质生产力要素
- 加快打造一支高层次、高质量的数智化人才队伍
- 大力推进科技创新特别是关键核心技术的创新及其应用
- 大力推进数字产业化，发展新产业、新业态、新模式
- 大力发展战略性新兴产业，前瞻布局未来产业
- 创新相关体制机制，充分发挥政府产业政策作用

进新质生产力形成的机制主要包括以下四个方面。

第一，数据、算力等作为基本生产要素赋能生产力升级，形成新质生产力。在数字经济快速发展的今天，数据已成为国家基础性战略资源和关键性生产要素，并由此衍生形成数据生产力。数据生产力作为新质生产力系统的重要内容，其出现标志着现实生产力由以资本、劳动、土地等要素为基点转向以数据、算力等为基点。大数据技术作为新一代信息技术的重要内容，在数据处理过程中具有速度快、精度准、价值高等优势。大数据产业作为以数据生成、采集、存储、加工、分析、服务为主的战略性新兴产业，激活数据要素潜能，推动生产力变革和创新，形成新质生产力。

在数字化时代，算力逐渐成为新质生产力的重要基础动能，助力智能革命、赋能数实融合。算力作为数据存储技术的"存力"和基于网络通信技术的"运力"，是信息产业的重要组成部分，包括计算、数据存储和网络通信行业。根据权威机构测算，算力指数平均每提高一个点，国家的数字经济和GDP将分别增长3.6‰和1.7‰。未来，算力将成为数字世界的核心动能。如同在工业经济时代人均用电量对经济的影响一样，数字经济时代人均算力也将成为衡量一个国家或地区产业综合竞争力的重要指标。随着通用人工智能的发展应用，智能算力的应用越来越广泛，其不仅拥有海量数据的处理能力，还能支撑高性能智能计算，形成更高能级、更高质量的智能生产力。生产力的数字化、智能化是新质生产力的重要特征，也是新一轮科技革命和产业变革条件下生产力发展的基本趋势。当下全球热门的ChatGPT即"聊天生成型预训练变换模型"表现出强大的智能生产力潜能，其基本技术运行逻辑便是基于海量数据持续训练，以此构建起巨大模型，并以强大算力尤其是智能算力作为重要底座支撑。借助于强大的算力支撑、深度学习算法和万亿级别数据语料的喂养，生成型预训练变换模型等才得以进行学习和迭代，为形成更高水平的新质生产力提供强大驱动。

第二，数智技术应用通过深化劳动分工、优化劳动力供给结构，提升生产力各要素的功能，形成新质生产力。首先，数智技术的应用对劳动分工、劳动力供给结构及劳动方式等产生深刻影响。数智技术能够在较短时间内以更大规模复制劳动行为，执行和完成人类能力包括体力、脑力所不能完成的任务，由此创造出一种在很多方面高于人类劳动力的新质劳动力。在这一过程中，数智技术与劳动要素深度融合，产生更高质量的劳动力供给，如具有深度学习、自我学习能力的机器人，由此在很大程度上优化了劳动力的供给结构。其次，数智技术的应用通过产生劳动替代效应深化劳动分工。数智技术应用显著提升了生产的数字化、自动化和智能化水平，降低了对低技能劳动力的依赖，由此形成对部分劳动力的替代。数智技术的不断迭代升级，进一步实现对人类脑力和高技能劳动力的替代，机器学习、深度学习的不断发展，拓展了劳动力供给的范围，从总体上提升了包括劳动者体力、脑力、智力在内的综合能力。需要指出的是，数智技术的应用会促使劳动供给由提供体力更多地转向提供脑力、智力和创造力，倒逼劳动者不断学习新知识、新技能，进而提升社会上全体劳动者的知识、技能和智慧，为新质生产力的形成提供强有力的劳动力要素支撑。最后，数智技术的应用不断拓展劳动对象的应用范围。从劳动对象看，随着数字化、智能化技术的发展，大量原来不属于劳动对象的物质转变成为劳动对象，由此大大拓展了劳动对象的范围。可见，数智技术的应用通过深化劳动分工、优化劳动力供给结构，提升生产力各要素功能，有力促进了新质生产力的形成。

第三，数字产业化过程产生的大量新产业、新业态、新模式，为新质生产力的形成提供了强大的产业基础和驱动。在数字经济时代，一大批以数智技术应用为基础衍生发展起来的新产业、新业态、新模式不断涌现，由此形成以战略性新兴产业和未来产业为主要内容的新型产业体系，并表现出显著的高成长性、高效率性和强竞争力，为形成新质生产力提供强大产业基础和驱动。党的二十大报告提出："推动战略性新兴产业融合集群发展，构建新一代信息技术、人工智能、生物技术、新能源、新材料、高端装备、绿色环保等一批新的增长引擎。"①《中华人民共和国国民经济和社会发展第十四个五年规划和2035年远景目标纲要》提出:"在类脑智能、量子信息、基因技术、未来网络、深海空天开发、氢能与储能等前沿科技和产业变革领域,组织实施未来产业孵化与加速计划,谋划布局一批未来产业。"②加快发展战略性新兴产业和前瞻布局未来产业,将为我国新质生产力的形成提供源源不断的驱动力。

第四,信息通信基础设施为新质生产力的形成提供坚实的平台支撑。在数智化时代,5G、工业互联网、大数据和算力中心等新型基础设施和新一代信息通信技术的迅速发展,对有效发挥数据、算力、算法等要素的作用,促进新兴产业快速成长具有重要支撑作用,由此也构成新质生产力形成的平台支撑。5G网络凭借广覆盖、低时延、万物互联等优势,使越来越多的智能家电设备、可穿戴设备、共享汽车等不同类型的设备以及公共设施实现联网和实时管理,提高了这些设备的智能化水平,为现实生产力注入越来越多的智能要素。当前,5G技术在我国工业、矿业、电力、港口等垂直行业的应用越来越广泛,有效助力企业提质、降本、增效。基于5G网络的超高清视频、AR/VR等

---

① 《习近平著作选读》第1卷,人民出版社2023年版,第25页。
② 《中华人民共和国国民经济和社会发展第十四个五年规划和2035年远景目标纲要》,人民出版社2021年版,第28页。

新应用进一步融入生产生活，为人民群众带来高品质全新体验。工业互联网作为新一代信息通信技术与产业深度融合的新型关键基础设施，表现出显著的技术创新优势、产业融合优势、软硬件连接优势。例如，工业互联网应用促进了我国工业软件业快速发展，以数据思维、业务中台模式、"云+网+端"为特征的工业互联网平台辅助工业软件整合多方创新资源要素，协助企业实现工业软件的研发和创新突破。工业互联网正逐渐突破数据采集和传输、海量数据计算处理速度、行业知识模型化等方面的技术瓶颈，将极大地推动大数据、云计算、5G、人工智能等新一代信息技术在产业领域的应用落地，不仅催生出智能制造、规模化定制、网络化协同、服务型制造等新模式、新业态，还进一步创新生产服务场景，优化技术创新方向，从而有效促进了新质生产力的形成发展。

加快形成新质生产力，
需要从要素、技术、产业、制度等多方面推进

抢抓新一轮科技革命和产业变革发展机遇，加快培育形成新质生产力，是一项复杂的系统性工作，需要从要素、技术、产业、制度等多个方面加以推进。

第一，加快培育发展数据、算力等新质生产力要素。培育发展数据生产力，首先要进一步提升数据要素供给质量。提升

数据资源处理能力、管理水平和数据质量，培育壮大数据服务产业，进一步提升公共数据开放水平，释放数据红利，形成更加完整贯通的数据链。其次要进一步完善数据要素市场体系机制，培育多元数据要素市场主体，建立完善数据定价体系和数据资产市场运营体系，提升数据交易效率。最后要创新数据开发利用机制。进一步推动数据价值产品化、服务化，促进数据、技术、场景深度融合，鼓励多方利益主体和社会力量参与数据价值开发，完善数据治理体系机制。

夯实算力高质量发展基础，构筑算力竞争优势。随着数字经济的发展，算力正成为我国新质生产力的重要内容和推动力量。据统计，截至2023年，我国提供算力服务的在用机架数达到810万标准机架，算力规模仅次于美国，位列全球第二。算力正加速向政务、工业、交通、医疗等各行业各领域渗透，为形成新质生产力发挥越来越重要的作用。应从技术研发、基础设施、产业应用、人才培养等多个维度着手，加快构筑算力竞争优势，包括加强算力关键技术研发与创新、统筹算力网络建设与布局、推动算力产业集群化或生态化发展及应用、培养算力相关复合型人才等。

第二，加快打造一支高层次、高质量的数智化人才队伍。劳动力是生产力的最基本、最活跃要素。在数字经济时代，加快培育一支高层次、高质量的数智化人才队伍，是形成新质生产力的基本条件和重要支撑。一是加强数字经济、人工智能学科建设，做好相关学科调整优化顶层设计，将数字经济、人工智能研究与人才培养更好结合起来。二是加大对高端数智化人才的引进力度，重点引进大数据分析、机器学习、类脑智能计算等方面的国际著名研究团队和高水平研究专家，并鼓励企业、科研机构依托项目合作、技术顾问等形式引进数智化人才。三是以产业需求为导向，推进高校学科交叉融合发展，建立和完善适应数智化发展要求的学习和技能培训体系，围绕数智化产业发展培养一批既掌握数智化技术，又了解现实产业运作的复合型人才，形成产学研深度融合、完整连续的数智化人才培养新体系。

第三，大力推进科技创新特别是关键核心技术的创新及其应用。在新一轮科技革命和产业变革条件下发展新质生产力，从根本上取决于科技创新能力，特别是关键核心技术的创新突破能力。首先，增强关键技术创新能力。瞄准大数据、人工智能、区块链、传感器、量子信息、网络通信、集成电路、关键软件、新材料等战略性前瞻性领域，发挥新型举国体制优势，进行创新突破，提高数字技术基础研发能力。其次，依托我国超大规模市场优势，推进数字技术与各领域的深度融合，建立以科技创新企业为主导，产业链、创新链、资金链、人才链深度融合的数智化技术创新联合体，推动行业企业、平台企业和数字技术服务企业进行跨界融合创新，进一步完善创新成果快速转化机制，加快实现创新技术的工程化、产业化、市场化。最后，积极发展新型研发机构，打造高校与企业创新联合体等新型创新主体，构建多元化主体参与、网络化协同研发、市场化运作管理的新型创新生态体系。支持具有自主核心技术的开源社区、开源平台、开源项目发展，促进开放式创新、平台化创新，借助于数智技术及平台实现创新资源共建共享。

第四，大力推进数字产业化，发展新产业、新业态、新模式。一是深化数字技术与各领域融合应用，推动行业企业、平台企业和数字技术服务企业进行跨界创新。引导支持平台企业加强数据、产品、内容等资源整合共享。发展基于数字技术的智能经济，加快优化智能化产品和服务运营，培育智慧销售、无人配送、智能制造、反向定制等新增长点。二是提升数字经济核心产业竞争力，重点推进信息技术软硬件产品产业化、规模化应用，提高基础软硬件、核心电子元器件、关键基础材料和生产装备的供给水平，提升关键软硬件技术创新和供给能力。引导支持平台企业加强数据、产品、内容等资源的整合共享。三是推进产业链强链补链，促进面向多元化应用场景的技术融合和产品创新，提升产业链关键环节竞争力。完善人工智能、集成电路、5G、工业互联网等重点产业的供应链体系，推进新一代信息技术集成创新和融合应用，发展新兴数字产业，深化平台化、定制化、轻量化服务模式创新。四是优化数智产业创新生态，发挥平台企业、领军企业的引领带动作用，推进资源共享、数据开放和线上线下协同创新。

第五，大力发展战略性新兴产业，前瞻布局未来产业。战略性新兴产业和未来产业是新质生产力的重要载体。2022年，我国战略性新兴产业增加值占国内生产总值比重已超过13%，2023年上半年战略性新兴产业完成投资同比增长超过40%，发展势头强劲。应进一步聚焦发展新一代信息技术、生物技术、新能源、新材料、高端装备、新能源汽车、绿色环保以及航空航天、海洋装备等战略性新兴产业，强化科技创新特别是关键核心技术的创新应用，推动战略性新兴产业集群化、融合化、生态化发展。把握新一轮科技革命和产业变革发展趋势，前瞻谋划布局类脑智能、量子信息、基因技术、未来网络、深海空天开发、氢能与储能等一批具有广阔发展前景的未来产业。通过推动对前沿科技的深入探索和交叉融合创新，特别是加快对颠覆性技术的突破，促进未来产业快速发展，为新质生产力发展提供后续驱动力。

第六，创新相关体制机制，充分发挥政府产业政策作用。马克思主义唯物史观认为，生产力决定生产关系，生产关系反作用于生产力。从目前实践看，我国新质生产力数据、算力等要素的发展适应于工业经济运行的体制机制及政策，已经总体领先于数字经济的生产关系。为此，应加快推进数字经济运行体制和治理机制变革，重点是构建完备的数据基础制度体系，统筹推进数据产权、数据要素流通与交易、数据要素收益与分配、数据要素治理等基础制度体系的建设，强化数据要素的赋能作用，激发乘数效应，为新质生产力的形成提供坚实的体制保障。科学合理的政府产业政策是保障新质生产力形成的重要体制内容。当前，面对新一轮科技革命和产业变革的发展与新产业的培育、成长和壮大，各国都十分重视政府产业政策的作用，借助于政府产业政策的作用加快推进科技与产业创新，以抢占未来竞争的制高点。面对日趋激烈的国际竞争，我国必须发挥制度优势，充分发挥好政府产业政策的作用。一是有效发挥政府产业政策的引导、推动作用，通过制定实施科学合理的产业政策，引导生产要素进入智能技术和智能产业领域，加快数智技术的商业化应用和产业生态形成。二是充分发挥政府产业政策对信息通信技术基础设施建设的支持、保障作用，加大对工业互联网、大数据中心、5G、人工智能、云计算、物联网等新型基础设施建设的财政支持力度，夯实新质生产力形成的基础支撑。三是完善产业政策实施配套体系，通过改善知识产权环境、提升政府服务效率、降低税费、优化治理等，为新质生产力的形成营造良好环境。

科学把握新质生产力的发展趋向[*]

当前,新一轮科技革命和产业变革深入发展,新科技、新产业、新业态、新商业模式正在重塑生产方式和经济体系,生产力的内涵和外延随之发生深刻变化。新质生产力概念的提出立足中国实践,拓展了生产力的内涵和外延,丰富深化了马克思主义政治经济学生产力理论,为以新质生产力支撑现代化产业体系构建,助力高质量发展提供了理论依据和路径选择。

新质生产力的四个发展趋向

进入新发展阶段,我国科技综合实力显著提升,战略性新兴产业快速发展,未来产业新赛道不断涌现,带动生产力发展规模和水平由量变到质变,实现能级跃升,新质生产力成为引领中国经济高质量发展的新引擎。

第一,能源转型和基础设施更新加快。历次工业革命都伴

---

[*] 作者:杨丹辉,中国社会科学院工业经济研究所二级研究员,中国社会科学院大学应用经济学院博士生导师。

随着能源结构转变和基础设施升级换代,是解放生产力的先决条件之一。从煤炭到石油再到多元化、清洁化能源供给,从"铁公机"、电报电话、互联网宽带到5G基站、特高压、城际高速铁路和城市轨道交通、新能源汽车充电桩、大数据中心、人工智能、工业互联网等,近年来我国可再生能源和新型基础设施投资规模持续扩大,能源转型和基础设施更新驶入快车道。截至2022年底,全国可再生能源发电累计装机容量12.13亿千瓦,同比增长约14.1%,占电力总装机容量的47.3%,2022年全国可再生能源发电量占比达到30.8%。[①] 可再生能源对化石能源的替代成为带动传统生产力向新质生产力跃迁的先行领域。国家统计局数据显示,2023年上半年,新基建投资同比增长16.2%。其中,5G、数据中心等信息类项目投资增长13.1%,工业互联网、智慧交通等融合类新基建投资增速高达34.1%。"十四五"时期新基建投资规模有望达到15万亿元。另据工业和信息化部统计,截至2023年8月,全国在用数据中心机架总规模超过760万标准机架,算力总规模达到每秒1.97万亿亿次浮点运算(197EFLOPS),位居全球第二。能源转型和基础设施更新是新一轮科技革命和产业变革的必然结果,而新能源、新一代信息技术、人工智能、

[①]《2022年度全国可再生能源电力发展监测评价报告》,国家能源局网站2023年9月7日。

工业互联网等行业作为战略性新兴产业和未来产业的重要组成部分，本身也是我国产业国际竞争新优势和产业链强劲韧性的集中表现，为推动新质生产力的绿色发展、智能升级、融合创新筑牢了基础。

第二，科技创新日益活跃。科技创新是新质生产力培育发展的本质特征和最强动力。随着经济持续快速增长，我国科技综合实力显著增强，不少领域加快追赶发达国家，处于与世界领先国家同步并跑、比肩竞争的水平，相继在5G、人工智能、量子通信、储能技术、生命科学、航空航天、深海探测等领域取得了一系列标志性、世界领先的科技创新成果。科技型新质生产力的形成得益于大力度、连续性的研发投入。2022年，我国研发经费突破3万亿元，达到30782.9亿元，同比增长10.1%。研发经费规模从1万亿元提高到2万亿元用时8年，而从2万亿元提高到3万亿元仅用了4年时间。[1]这不仅是我国综合国力增强的表现，也彰显了我国坚持将创新作为引领发展第一动力的战略导向。研发投入强度持续加大。2022年我国研发经费投入强度为2.54%，比2021年提高0.11个百分点。从研发支出结构来看，科技投入继续向基础研究倾斜，2022年我国基础研究经费总量首次突破2000亿元，规模位列世界第二，增速为11.4%，分别超

---

[1]《2022年全国科技经费投入统计公报》，国家统计局网站2023年9月18日。

过应用研究和试验发展经费增速0.7和1.5个百分点。创新主体不断优化，2022年企业对研发经费增长的贡献高达84%，推动国家创新体系逐步完善。重点领域研发经费投入强度稳步提高，2022年，规模以上高技术制造业研发经费投入强度为2.91%，为突破制约新质生产力发展的关键核心技术、核心零部件和先进材料提供了有力支撑。

第三，产业载体不断发展壮大。习近平总书记指出："整合科技创新资源，引领发展战略性新兴产业和未来产业，加快形成新质生产力。"[①]从要素结构和技术路线来看，战略性新兴产业和未来产业都以重大技术突破和重大发展需求为基础，具有知识技术密集度高、物质资源消耗少、成长潜力大的突出特点。在国家战略规划、各级政府扶持以及各类资本的协同推动下，我国战略性新兴产业逐步转向成熟发展阶段，对经济社会全局和长远发展的引领带动作用日益凸显。国家统计局数据显示，党的十八大以来，战略性新兴产业占GDP比重提高近1倍。2021年，战略性新兴产业增加值占GDP比重为13.4%。根据中咨公司提供的数据，2018—2022年，中央企业在战略性新兴产业领域投资规模由0.7万亿元扩大至1.5万亿元，占全部投资比重由12.8%提

---

① 《牢牢把握在国家发展大局中的战略定位 奋力开创黑龙江高质量发展新局面》，《人民日报》2023年9月9日。

升至27%，投资规模增长115.2%。战略性新兴产业的发展实绩反映在出口市场上，以电动载人汽车、锂电池、太阳能电池为代表的外贸出口"新三样"取代服装、家电、家具"老三样"，成为中国制造的新名片。2023年上半年，"新三样"合计出口增速达61.6%，拉动我国出口整体增长1.8个百分点，这正是新质生产力蓬勃发展的力证。与战略性新兴产业相比，未来产业与前沿科技创新互动更为紧密，因而更具前瞻性，也是各国面向新一轮科技革命和产业变革重点培育扶持的先导性产业群。《中华人民共和国国民经济和社会发展第十四个五年规划和2035年远景目标纲要》明确提出，要在类脑智能、量子信息、基因技术、未来网络、深海空天开发、氢能与储能等前沿科技和产业变革领域，组织实施未来产业孵化与加速计划，谋划布局一批未来产业。随着创新投入、资金支持、人才引进和培育等政策措施落实到位，未来产业新赛道不断细分演化，数字化、绿色化的产业成长主线日趋清晰，在更大范围和力度上改变了传统生产方式和生产力要素构成，与战略性新兴产业共同发挥推进新质生产力形成、引领中国经济高质量发展的动力源作用。

第四，创新集聚效应增强，产业国际竞争升级。进入21世纪，应用性研发分工虽然在持续深化，但由于前沿科技创新和未来产业发展对要素支撑有较高要求，世界范围只有少数地区能够为这些创新活动开展和产业集聚提供要素保障，由创新集聚

科学把握新质生产力的发展趋向

○ **发展趋向**

- 能源转型和基础设施更新加快
- 科技创新日益活跃
- 产业载体不断发展壮大
- 创新集聚效应增强 产业国际竞争升级

○ **培育新质生产力** ◁ 实现中国式现代化的关键步骤

本质 ▷ 如何在新时代基于生产力与生产关系的矛盾运动规律解放和发展生产力

○ **创新引领新质生产力培育**

- 加大基础研发投入力度,完善国家创新体系
- 进一步强化战略性新兴产业和未来产业作为新质生产力的载体作用
- 数字化转型与节能降碳同频共振,促进智能化绿色化互促共融
- 塑造新质生产力尤为关键的是人的转型

引发的马太效应增强，致使新质生产力出现了发展不平衡问题。近年来，为抢占科技创新和产业竞争制高点，发达国家对科技创新投入巨大，势必对新兴领域投资并购实行严格管控，试图将高附加值、最前沿的创新活动控制在本土。在"内向化"战略导向下，"技术民族主义""资源民族主义"与贸易保护主义、单边主义如影相随，造成产业链不同程度受损甚至断裂。持续升级的大国博弈和不断深化的利益"脱钩"放大了我国在核心技术、关键零部件、基本算法、先进材料、软件系统、标准体系、规则制定等环节被"卡脖子"的风险，暴露出科技原创力、产业链主导力、国际规则塑造力等方面的问题。

总体来看，我国培育新质生产力仍面临基础研发投入不足、科技成果转化机制不健全、产业基础能力不扎实、人才质量和结构不匹配、全球资源整合能力不强等问题和障碍。需要强调的是，新质生产力培育对研发体系、人才梯队、中介组织、风险投资、信息渠道等高端要素有较高要求，新质生产力与科创活动同样表现出集聚式发展的空间结构和布局特征。对于东北这样的老工业基地而言，发展新质生产力有根基和底蕴，具有工业体系比较齐全、配套链条相对完善、拥有一批行业龙头企业和技术工人队伍的传统优势，但存在高端要素供给缺口大，区位条件与新质生产力兼容性不足的矛盾。培育新质生产力要在创新中找答案，彻底破除阻碍新质生产力形成的体制机制障碍，深度挖掘东北工业体系积淀的应用场景，使之转化为新质生产力的生产资料和劳动对象，持续赋能东北全面振兴。

创新引领新质生产力培育

无论世界格局如何变化，长期来看，生产力作为人类社会进步根本动力和决定性因素的角色并未发生改变。培育新质生产力是实现中国式现代化的关键步骤，本质上是如何在新时代基于生产力与生产关系的矛盾运动规律解放和发展生产力。这不仅需要打破传统生产力的利益格局，处理好产业政策施用、科技平台搭建、公共服务提供等政府与市场之间关系，形成更有利于充分发展新质生产力的体制机制，而且要应对大国博弈升级、科技合作受限等全球治理问题，更要以开放包容的理念满足劳动者自身发展需要，而这些问题的解决思路则必须在不懈的创新中探索寻求。

加大基础研发投入力度，完善国家创新体系。引导企业和科研机构聚焦前沿科技，将科技创新重心前移，在推动"从0到1"自主原始创新的同时，创造条件开展多层次、宽领域的科技交流合作，最大限度地整合利用全球科技资源，着力突破关键技术、关键零部件、关键原材料，不断拓展生产资料和劳动对象的边界，提升新质生产力的科技含量。

进一步强化战略性新兴产业和未来产业作为新质生产力的

载体作用。以新型工业化为引领，瞄准高端化、智能化、绿色化、融合化方向，巩固提升战略性新兴产业，做大做强数字经济。在前沿科技和未来产业领域抢占全球科技创新和产业竞争制高点，积极开辟新赛道，培育新主体，塑造新优势，形成新集聚，打造新支柱，为构建现代化产业体系打下坚实基础。

数字化转型与节能降碳同频共振，促进智能化绿色化互促共融。数字技术不仅为绿色产品设计、制造、销售提供新的研发理念、技术手段和商业模式，而且传统产业绿色改造、资源回收利用方式的绿色化创新同样需要丰富优质的数字资产和信息平台作支撑。同时，现阶段数字部门仍有部分生产力能耗偏高，尚有技术和结构减排空间。今后，一方面，要进一步鼓励企业利用大数据、云计算、人工智能、工业互联网、区块链、数字孪生等数字技术，升级开发符合清洁生产、循环经济要求的智能解决方案；另一方面，要为数字经济部门提供多样化的能源选择，提高数字经济发展的可持续性，不断深化要素利用方式、生产流程、能源管理的智能化绿色化融合，共同助力实体部门生产力提升和全体系再造。

塑造新质生产力尤为关键的是人的转型。归根结底，在生产力三要素中，劳动者作为物质要素的创造者和使用者，是起主导作用的要素，只有用先进科学技术、知识和理念"武装"起来的劳动者才具备更强的能动性。因此，要加快改革教育和社会保障体系，加紧制定实施面向能源转型、智能制造、未来产业的新就业计划，创造新就业岗位，为传统产业从业人员量身定制知识再造和能力提升方案，打造多层级、多元化的人才体系，为实现劳动者自然性、社会性、知识性高度统一创造有利条件。

新质生产力的核心产业形态及培育 *

新质生产力与战略性新兴产业和未来产业紧密相关,核心特征是科技创新密集,是创新潜能充分释放的产物,是原始创新作为核心推动力的结果。如何培育和形成新质生产力?本文从"1+2+6"模式来论述培育和形成新质生产力的前提基础、战略路径的理论逻辑。其中,"1"是指以战略性新兴产业和未来产业为核心的产业体系,"2"是指培育和形成新质生产力的前提和基础,"6"是指释放创新动能、培育和形成新质生产力的六条战略路径。

新质生产力核心产业的形态特征

战略性新兴产业与未来产业作为新质生产力的核心产业,从技术到产业的发展过程及形态具有以下特征。

---

* 作者:庞瑞芝,南开大学企业研究中心主任,经济与社会发展研究院教授、博士生导师。

一是生产体系数字化。随着信息技术的迅猛发展和数字化浪潮席卷全球，各国在布局战略性新兴产业和未来产业的同时都积极推动数字化转型，以应对不断发展变化的经济、社会和技术挑战。新一代信息技术的快速发展和广泛应用不仅推动了数字产业化进程，也推动了新能源、新材料、先进制造和生物技术相关产业的产业数字化进程，尤其是在人工智能、量子信息、工业互联网、卫星互联网和机器人等未来技术领域，这些未来技术转化为未来产业（产品和服务）的生成、生产和制造过程中，生产体系的数字化和智能化已经成为内生条件，也是关键特征。新质生产力具有以大数据、互联网、云计算、区块链及人工智能等工具体系为代表的生产力系统，是科技持续创新与产业不断升级所衍生的新形式和新质态。生产体系数字化能够以数据驱动引领企业运营和业务模式创新，帮助企业充分利用全球资源和要素，激发产业链上下游相关企业、科研机构和公共部门等主体协同创新，形成更多新质生产力，塑造发展新动能、新优势，实现高质量发展。

二是产业发展融合化。产业融合发展的驱动因素来自技术的融合、产品和服务的融合以及有利于产业融合的外部环境。技术融合是产业融合的前提，新质生产力表现出技术交叉融合的特点，不仅深化了产业分工，而且强化了产业间的协作关系。产业融合趋势不仅包括制造业与服务业的融合化，还包括传统产业与新兴产业的融合化以及产品内部与服务内部环节之间的融合化和边界模糊化，在技术、产品和服务深度融合过程中诞生新兴产业和业态。新质生产力核心产业与传统产业相比，具有涉及领域新、技术含量高、依靠创新驱动、产业辐射面广等特点，是各国经济发展竞争的关键点，更是现代化产业体系的主体力量，其能够打破传统行业壁垒，促进资源共享和协同创新，促进产业融合发展。一方面，战略性新兴产业发展高度依赖传统产业作为基础、提供技术支撑；另一方面，战略性新兴产业能运用新成果、新技术改造提升传统产业，为其发展提供强大新动能。新质生产力核心产业以创新驱动高质量发展，整合资源、技术和市场，为三次产业发展融合化提供更多空间。

三是生产过程绿色化。新质生产力核心产业在新发展理念指导下，区别于传统产业依靠大量资源投入、高度消耗资源能源的发展方式，将科技创新作为核心驱动，实现发展生产力和保护生态环境有机结合、促进产业经济绿色转型、促进人与自然和谐共生、实现经济高质量发展。目前，随着人工智能、大数据、区块链、量子通信等新兴技术加快应用，我们不仅培育了智能终端、远程医疗、在线教育等绿色节约、环境友好型的新产品、新业态，而且实现新兴技术与传统产业深度融合促进了产业升级，同时实现节能减排、清洁生产和推动资源循环利用，并通过智能制造和数字化技术、环境管理和监测等措施实现生

新质生产力的核心产业形态及培育

核心产业形态特征

- 生产体系数字化
- 产业发展融合化
- 生产过程绿色化
- 复杂技术交叉化
- 多链协同网络化

培育新质生产力

前提：自由流通、破除壁垒的全国统一大市场

基础：释放创新潜能、整合创新资源的组织体系保障

着力点：最大限度激发科技创新潜能

战略路径：
- 构建国家战略科技力量体系，推动战略性科技任务取得重大突破
- 建设面向原始创新的科学研究体系，实现科技自立自强
- 构建以企业为主的创新成果转化体系，提升科技支撑经济发展的能力
- 构建区域分工协同、内外贯通的开放创新体系，形成区域创新合作新格局
- 创新人才培养方式，构建可持续的人才培育与发展体系
- 优化科技治理，塑造开放创新生态

产技术绿色化、促进经济社会绿色低碳转型、实现经济社会发展和生态环境保护的协调统一。

四是复杂技术交叉化。当前，全世界科技创新进入高度活跃时期，新一代信息、生物、能源、材料等领域涌现了大量的颠覆性技术，并且呈现出融合交叉、多点突破的态势。现代科学既高度分化又高度综合，其交叉点往往就是科学技术新的生长点、新的科学前沿，这里最有可能诞生重大的科学突破、发生革命性变化。战略性新兴产业和未来产业都面向前沿领域科技，是由多个学科复杂的前沿技术交叉融合并进行技术工程化和产业转化而形成，多学科、多领域的技术交叉融合创新在其中发挥主导作用。不仅如此，新质生产力进一步发展壮大的关键依然靠多学科技术交叉融合以及多类创新主体协同创新来推动，通过将不同领域的技术和概念融合，创造出新的知识和方法，推动科学研究和技术创新，交叉学科创新不断涌现，从而不断培育和壮大新质生产力。

五是多链协同网络化。战略性新兴产业与未来产业具有面向世界科技前沿、创新活跃、技术密集、发展前景广阔等特点，是科学技术创新链与成果转化的产业链、价值链紧密耦合的结果。从战略性新兴技术与未来技术到培育和形成战略性新兴产业与未来产业，需要满足以下条件：首先，技术需要经过不断研发和验证，才能达到应用于实际生产的水平；其次，需要具备一定规模的市场需求，只有市场需求足够大，才能为新兴技术转化为产业提供持续动力；最后，需要具备较为完善的创新生态和产业生态。战略性新兴产业和未来产业是一个复杂的系统，需要多元化创新主体协同创新以及上下游产业链的协同发展，才能助推"新兴技术—新兴产业"这一过程。满足以上这些条件需要跨越两类鸿沟，即"达尔文死海"：一类是基础科学研究与应用技术开发之间的鸿沟，另一类是新技术实现到成果转化和产业化之间的鸿沟，即克服产业链上下游环节对新技术应用和推广的阻碍和制约。具备以上条件并跨越这两类鸿沟意味着要统筹创新链、产业链、资金链、人才链等多方资源和要素，形成创新网络与生产网络、价值网络的耦合，最终推动战略性新兴技术和未来技术形成新质生产力。

培育新质生产力的前提和基础

自由流通、破除壁垒的全国统一大市场是培育和形成新质生产力的前提。新兴技术和未来技术要转化为规模化产品并最终形成产业需要跨越技术从实验室到市场应用之间的鸿沟。市场需求，尤其是较大规模的市场需求对新兴技术形成新产品、新兴产业和未来产业而言至关重要。斯密—杨格定理指出分工水平取决于市场规模，市场规模又取决于分工水平，较大的市场规模通过深化分工、增加生产的迂回环节能促进技术迭代并提升生产效率，较大市场规模能够缩短技术从实验室到大规模生产转化形成产业的过程，从而促进"技术—产业"形成良性循环。我国具有的超大规模统一大市场是培育战略性新兴产业和未来产业的战略资源，更是形成新质生产力的独特制度优势。因此，破除地区之间的隐形壁垒、构建全国统一大市场，消除商品流通和生产要素自由流动的堵点、痛点、卡点，发挥超大规模统一市场的独特优势、促进国内国际双循环，是我国培育新质生产力的前提。

释放创新潜能、整合创新资源的组织体系保障是培育新质生产力的基础。新质生产力是更高层次的生产力水平，其创新的模式、周期和动力等发生巨大变化，现有的一些组织体系、管理制度难以适应新质生产力对创新的内在要求。因此，需要按照新质生产力对创新模式的内在要求来变革组织体系和管理制度，以适应新质生产力发展。具体而言，在微观层面，除了企业组织架构的网络化、扁平化和研发模式的迭代化、开放化以外，企业创新管理的变革在新质生产力的发展过程中尤为重要，例如企业创新模式需要转向开放式创新，因而要制定适应开放式创新的发展战略、架构创新资源，以应对不同创新环节之间的动态交互从而识别创新的潜在空间和引导创新的方向；在中观层面，随着复杂技术交叉化和产业发展融合化，依托行业数字平台建立跨行业的创新生态成为必然趋势，并以此来集聚创新资源、促进各类创新主体在分工基础上协同创新；在宏观层面，新质生产力的发展有赖于政府的制度供给，通过创新治理方式、优化重大科技创新布局和创造良好的新技术应用场景，持续推动创新成果的产生、转化与应用推广，从而为新质生产力的培育与形成提供制度环境和组织保障。

以系统化、体系化制度创新激发科技创新潜能

科技创新是新质生产力的内核，培育和形成新质生产力的着力点在于最大限度激发科技创新潜能，而创新是一个复杂的系统工程。培育和形成新质生产力需要以系统化、体系化制度创新来释放创新活力，推进我国科技创新模式由模仿创新为主转向原始创新为主，锚定世界科技前沿的战略性新兴技术和未来技术，统筹兼顾、协调推进。具体而言，要实施以下战略路径。

构建国家战略科技力量体系，推动战略性科技任务取得重大突破。国家战略科技力量体系是指统筹国家发展与安全，在国家间战略必争的重点科技领域体现国家战略意志、服务国家战略需求，直接支撑国家战略目标实现、代表国家战略科技水平的组织体系。战略性新兴产业和未来产业的底层技术均是关系到国家未来的重点科技领域，其发展离不开国家战略科技力量的强化。目前，在国家战略科技力量主体之间存在利益争夺、重复研究、激励扭曲以及对国家战略需求支撑不强等问题，阻

碍了新质生产力的进一步发展。强化国家战略科技力量，需要以国家实验室为骨干，建设由高水平研究型大学、科研机构、科技领军企业、国家实验室体系四轮驱动、政府与社会相结合的创新网络，形成"金字塔型"科技力量结构，构建"新型举国体制+战略科技力量+企业集群+商业转化力量"的协同攻关模式。

建设面向原始创新的科学研究体系，实现科技自立自强。模仿创新已经难以满足战略性新兴产业和未来产业的发展需求，而原始创新是促进新质生产力发展的重要途径。建设专注于原始创新的开放性科学研究体系的落脚点在于加强基础研究投入、建设激励原始创新活动的制度环境与政策体系。依据基础科学发展的大科学化、跨学科化、科学技术化和技术科学化的未来发展趋势，以及"科学—产业""科学—技术—产业"多层次融合态势来构建定位精准、主体多元、提升原始创新能力的开放型科学研究体系。该体系主体包括大学、科研机构、新型研发组织、科技领军企业、各行业创新链的链主企业以及各类主体协同合作的创新共同体等。面向世界科技前沿，建设面向原始创新的开放型科学研究体系，以体系化建设夯实我国研发战略性新兴技术和未来技术的科学理论和研究基础，摆脱模仿式创新惯性，在协同发展的新机制下实现加强基础研究、提升原始创新能力的目标，激发科学研究主体从事"从0到1"的科研创新活动，从根本上解决我国现存的原始创新能力不强、关键核心技术"卡脖子"的问题。

构建以企业为主的创新成果转化体系，提升科技支撑经济发展的能力。创新成果只有真正商业化才能形成生产力，停留在实验室阶段或束之高阁的创新成果是无法转化为新质生产力的。构建高效的创新成果转化体系至关重要，其关键在于突出企业创新主体地位。《2022年中国专利调查报告》显示，2022年我国企业发明专利产业化率为48.1%，远高于高校的3.9%。构建以企业为主的创新成果转化体系，重点在于支持企业与高校等共建研发机构，打通成果转化与市场衔接"最后一公里"服务体系，形成"企业出题、政府立题、产学研金用协同破题"的科研项目攻关机制；通过健全技术创新的市场导向机制、发挥共性技术设施平台效能、激发企业创新投入和创新内在动力，建设创新能力突出、集成创新能力强的领军企业和企业集群。巩固我国企业的创新主体地位，提升企业创新能力与成果转化效率，解决长期以来存在的"科技经济两张皮"问题，实现"创新驱动发展、发展带动创新"的更高水平动态平衡。

构建区域分工协同、内外贯通的开放创新体系，形成区域创新合作新格局。新质生产力的发展不是靠各地单打独斗、各自为政，而是有赖于各地立足自身优势抱团联动、协同创新。当前，在我国战略性新兴产业和未来产业发展过程中，地区产业规划、关键领域或重大项目存在趋同现象，易引发恶性竞争、重复建设和无序竞争等问题，导致区域产业间创新资源整合不足、创新主体互动不够、协同创新能力不强、关键技术攻关缺环掉链。建设区域间分工协同、内外创新资源要素流动贯通的开放创新体系，需要以建设具有全球影响力的国际科技创新中心和综合性科学中心为引领，形成"国际科学中心—国家级新区和自主创新区—国家高新区—创新型省市和地方高新区"的梯度互补、分工合作、协同创新、动态平衡的雁阵格局；破除区域市场壁垒，推动市场基础设施相互联通，促进商品、要素和资源在区域内和区域间自由流动。拓展完善区域创新力量的"点—线—面"纵深布局，打破行政边界、缔造创新网络，打造区域协同创新共同体，以大科学装置为载体、以国际前沿交叉学科领域的跨国科研项目为纽带，吸引海内外科学家汇聚国际科学中心、集聚国外创新要素，建设区域协同支撑、内外创新资源要素贯通的开放创新体系，整合全国各区域创新资源对全球科技前沿的战略性新兴技术和未来技术协同创新、分工生产，依据各地区科技和产业综合优势，不断孵化和孕育适合本地技术和资源禀赋的战略性新兴产业和未来产业。

创新人才培养方式，构建可持续的人才培育与发展体系。要培育和形成新质生产力，人才培养方式与培育体系需要发生相应改变。构建适应新质生产力发展的人才培育与发展体系，要把握"一个中心，两个基础"。一个中心是"实施人才强国战略，深化人才体制机制改革"。两个基础，一是完善人才培养培育体系，将创新教育植入教育的各个阶段。围绕科学—技术—创新—产业链的各个环节对不同类型人才产生的"人才需求链"，来实现人才供给与人才需求的适配性对接，改革教育体系结构、提升教育体系功能，优化人才供给结构和能力；二是建设创新人才分类管理的人才治理体系，改善人才环境，优化人才配置格局。一方面要识别人力资本结构和创新人才分类，建立对创新人才的分类管理体系，探索不同类型的培养模式和渠道；另一方面要改革人才评价制度，完善创新团队培育机制，改革对国际高端人才和团队的管理体制和机制，实现"人尽其才"。

优化科技治理，塑造开放创新生态。新质生产力涉及更复杂、更前沿、不确定性更强、迭代更快的技术，为科技评价和科技治理等带来了新挑战，培育新质生产力有必要优化和完善科技治理体系。建立良好的科技治理体系，要以全社会共同的目标和价值为引领，通过法律法规以及内控制度规范主体行为，通过政策和机制激励引导创新资源实现共同目标，充分发挥群体自治的基础性作用，围绕科技创新的基本规律来建设科技创新活动的运行秩序，保障相关主体的创新权益，促进创新主体深度融合实现高水平创新功能，提升科技创新能力。高效科技治理体系的建立，要实现"有效市场、有为政府、有序社会"三种机制的动态平衡，推动政府、企业和公众共同参与科技治理；

建立符合国情且与国际接轨的科技伦理治理体系，加强对违法违规行为的监管，快速、灵活应对新技术发展带来的伦理挑战；探索建立由宏观治理（战略、政策、法律法规）到微观治理（内部规范）的层次丰富、体系完善的科技治理机制，形成鼓励自由探索、包容失败的创新文化，塑造开放创新生态。

战略性新兴产业发展态势探究[*]

习近平总书记指出："整合科技创新资源，引领发展战略性新兴产业和未来产业，加快形成新质生产力。"[①] 战略性新兴产业是指基于重大技术突破和发展需要，能够对经济社会发展发挥明显的引领和带动作用，并有很大增长潜力的产业。它是新兴技术与新兴产业相结合的产物，同时也是科技创新与产业发展的重要标志，具有技术含量高、市场潜力大、带动能力强、综合效益优等特点。战略性新兴产业在现代化产业体系中处于核心地位，既是现代化经济体系的重要基础，也是推动我国经济高质量发展的必然选择。

战略性新兴产业的提出及发展态势

改革开放以来，我国产业发展大致经历了从传统制造业和

---

[*] 作者：陈宪，上海交通大学安泰经济与管理学院教授，深圳行业研究院研究员。
[①]《牢牢把握在国家发展大局中的战略定位 奋力开创黑龙江高质量发展新局面》，《人民日报》2023年9月9日。

服务业到先进制造业和现代服务业的演进过程。为了扶持技术创业，促进高新技术企业快速发展，1991年，国务院发布了《国家高新技术产业开发区高新技术企业认定条件和办法》，并配套制定了财政、税收、金融、贸易等一系列优惠政策。1992年，国务院颁布《国家中长期科学技术发展纲领》，指出高新技术及其产业包括微电子技术和计算机技术、生物技术、新材料技术和航空航天技术及相关产业。此后，我国的高科技产业发展取得了巨大的进步，开启了产业转型升级和创新驱动发展的时代。

在"十一五"规划及此前的相关规划文件中，产业转型升级的主要途径和措施是"加快发展高技术产业"。"十一五"规划要求，按照产业集聚、规模发展和扩大国际合作的要求，加快促进高技术产业从加工装配为主向自主研发制造延伸，推进自主创新成果产业化，着力培育一批具有高科技含量、高带动能力和高成长性的新兴产业；支持一批创新型产业群，培养一批国际化的高科技企业；扶持一批高新技术产业集群，培育一批国际高新技术产业公司；支持一批拥有自主知识产权、世界著名商标的企业，推动一批骨干企业实现由大到强的转变。可见，战略性新兴产业是在高新技术产业发展的基础上形成并确立的，具有先导性、支柱性等特征。

进入21世纪以来，重要科技领域发生革命性突破的先兆已现端倪。从互联网到量子信息，从人工智能到生物技术，一场新的技术革命已经成为不可阻挡的潮流。为把握科技革命和产业革命的历史机遇，加快实施创新驱动发展战略，我国将重点发展战略性新兴产业作为推动产业转型升级、培育经济新动能的抓手。2010年10月，国务院发布了《关于加快培育和发展战略性新兴产业的决定》，这是我国首次明确提出加快培育和发展战略性新兴产业，此后我国经济进入转型升级的关键时期。

"十二五"规划对战略性新兴产业的优先发展方向进行了初步定位，明确提出战略性新兴产业主要包括七大领域，即节能环保、新一代信息技术、生物技术、高端装备、新能源、新材料、新能源汽车。"十三五"规划从指导思想、战略定位、政策措施等方面，对全面推进战略性新兴产业发展提出了明确要求，其发展目标和具体方向逐步明晰。"十三五"规划指出："瞄准技术前沿，把握产业变革方向，围绕重点领域，优化政策组合，拓展新兴产业增长空间，抢占未来竞争制高点，使战略性新兴产业增加值占国内生产总值比重达到15%。"[1]"十三五"规划还提出了培育战略性新兴产业的领域。

"十四五"规划就发展壮大战略性新兴产业提出了新的构想和要求。"十四五"规划指出："构筑产业体系新支柱"，"聚焦新

---

[1] 全国人民代表大会常务委员会办公厅编：《中华人民共和国第十二届全国人民代表大会第四次会议文件汇编》，人民出版社2016年版，第97页。

一代信息技术、生物技术、新能源、新材料、高端装备、新能源汽车、绿色环保以及航空航天、海洋装备等战略性新兴产业，加快关键核心技术创新应用，增强要素保障能力，培育壮大产业发展新动能。"①与"十三五"规划相比，"十四五"规划中战略性新兴产业的领域由七个增加为九个。

为推动国家战略性新兴产业发展规划顺利实施，2012年，国家统计局颁发《战略性新兴产业分类（2012）》；2017年，《战略性新兴产业重点产品和服务指导目录》（2016版）正式发布，文化产业诸多产品和服务被纳入目录；2018年，国家统计局发布《战略性新兴产业分类（2018）》，加入了相关新兴服务业（领域），明确战略性新兴产业的行业范围，为引导战略性新兴产业发展发挥重要作用。

自"十二五"规划提出发展战略性新兴产业以来，战略性新兴产业实现了持续快速增长，为稳增长、调结构、促转型奠定了重要基础。2021年，战略性新兴产业增加值占GDP比重为13.4%，比2020年提高1.7个百分点，比2014年累计提高5.8个百分点。值得注意的是，我国北京、上海、广州、深圳四座城市的战略性新兴产业增加值占城市生产总值（GDP口径）的比重都

---

① 全国人民代表大会常务委员会办公厅编：《中华人民共和国第十三届全国人民代表大会第四次会议文件汇编》，人民出版社2021年版，第65页。

显著高于全国平均水平。2021年，北京、上海、广州和深圳的战略性新兴产业增加值占GDP的比重分别为24.7%、20.4%、30.5%和39.6%。

发展战略性新兴产业亟须完善科技创新模式

战略性新兴产业的本质是高研发、高技术，这决定了战略性新兴产业的发展需要大量的人才和资本投入。从这个意义上说，科技创新模式的选择和优化决定了战略性新兴产业的发展水平和效率。改革开放以来，科技创新经历了两种不同的发展方式。一是以科研院所为主体的科技创新方式，二是以企业为主体的科技创新方式。前者以"大院大所"云集的北京、上海为代表，科技创新需求主要来自科研院所、高等院校和政府科技主管部门；后者以深圳为代表，它有先于其他城市形成的市场经济体制和市场主体，深圳对科技创新的需要在很大程度上来源于市场，即企业本身。在近20年的时间里，深圳涌现出很多高新技术企业，这些企业具有很强的市场敏感度和强烈的创新动力。

科技型企业形成了一套由企业主导的自主创新体系，不仅促成了企业主导的自主创新模式，而且顺理成章地打通了科技创新与产业发展的边界，实现二者的融合，有助于进行创新链全流程整合。创新链由基础研究、应用基础研究、开发试验研究与新技术产业化组成。基础研究是对科学和技术领域中的基础性问题的研究，是科技创新体系的重要组成部分；应用基础研究主要解决科学技术与经济社会发展的结合问题，为开发试验研究提供必要的科学依据和技术基础；开发试验研究主要解决新技术产业化的问题，是开发试验研究成果转化为现实生产力的关键环节；新技术产业化主要解决技术商业化、商品化问题，是创新链上最具活力和发展前景的一环。创新链的全流程整合就是做好这四个环节的高效衔接和协同配合。

纵观世界各经济体的科技创新版图，我们不难看出，在建设创新型国家过程中，企业作为科技创新的主体，在基础研究方面的作用至关重要。在科技创新和产业发展日趋融合的过程中，基础研究分为两大类，即纯科学研究与应用基础研究。由政府科研单位和高校进行的主要是纯科学研究。企业进行基础研究活动，毫无疑问要受到自身发展需求的驱动，它们大多拥有方向性的应用目标，即采取的是应用基础研究，这是创新链的有机组成部分。第二次世界大战之后，一些先发国家的高技术企业开始兴起，并呈现出积极的发展趋势。随着科学技术与经济社会的发展，基础研究的内涵也在逐渐丰富，为了适应快速、高频率的技术进步与科技创新，以满足人民日益增长的美好生活需要，应用基础研究已经成为基础研究的重要内容。

全球科技创新活动及其成果产业化的实践表明，科技型企业加强基础研究和应用基础研究投入，建立完整的创新链流程，不仅能够提高自主创新能力，还可以极大地优化企业的创新资源配置，提高企业的创新效率。当企业进入到高研发和高技术的发展阶段，也就是成为科技型企业之后，在研发投入方面将会面临一个问题，那就是对基础研究的投入多一些，还是对开发试验研究的投入多一些。公司的财务费用是每天产生的，属于短期费用；而机会成本是一种长期和中期成本，它和企业的战略决策密切相关。未来，越来越多的科技型企业将会认识到，增加对基础研究和应用基础研究的投入，是一种机会成本最低的选择，这有利于企业的中长期发展，也有可能引导行业的发展。在此过程中，它们还可以承担更多的社会责任。那些走在基础研究前沿和应用基础研究前沿的高科技企业，大部分都已经在产业中占据了"头部"地位，对整个产业的发展起到了一定的引导作用。在不断的成长与发展过程中，企业深刻意识到，市场占有率是它们在产业中立足的根本，而技术领先则是它们在产业中保持引领地位的核心优势。

企业是科技创新活动的最大主体，其投入具有"乘数效应"。企业只有通过技术创新活动不断增强科技研发能力和水平，才能在激烈的市场竞争中立于不败之地。然而当前，我们的科技创新模式还存在一些短板，突出表现之一就是企业主导的科技创新模式还未成为主流，部分科技创新资源错配，科技创新活动面对一些阻力，进而导致战略性新兴产业发展存在短板和瓶颈。为此，首先，我们要破除体制机制障碍，营造有利于企业创新的政策环境，深化科技体制改革，充分激发企业创新的内生动力。其次，我们要加快形成以企业为主导的技术创新格局，引导企业加大研发投入，不断提高企业在全球创新网络中的地位，进一步增强企业的创新能力，使企业成为技术创新的主体，从而提升技术创新的效率与效益。最后，我们要加强科技人才队伍建设，培养造就一大批战略科技人才、科技领军人才、青年科技人才和高水平创新团队。

战略性新兴产业的发展后劲来自未来产业

从产业发展的逻辑角度来认识战略性新兴产业，首先要明确它与未来产业之间的联系。战略性新兴产业指的是已经完成了对重大技术的试错，并且已经具有确定的产业形态和明确的发展模式的产业、产业体系和产业集群。它的重要特征是具有重大技术突破、重大发展需求、重大成长潜力和重大引领带动作用。未来产业着眼于人们对未来的畅想，具有较强的前瞻性和不确定性，正处于科技创新和产业创新的试错阶段，正在创造新应用场景和新消费需求，催生新产业、新业态和新模式。如果说在技术进步缓慢的年代，新兴产业主要是需求导向的产物，那么在技术进步加速的年代，新兴产业则是在供给创新和需求导向共同驱动下形成的。重大技术突破将会释放出强大力量，加快产业化进程，对经济社会发展起到广泛带动作用，有利于战略性新兴产业的发展。未来产业是战略性新兴产业的延伸和深化，战略性新兴产业则是未来产业发展的必然趋势和结果。换言之，今天的未来产业就是明天的战略性新兴产业。

在现代化产业体系中，战略性新兴产业和未来产业均为先导性产业，其区别主要在于产业化水平和创新程度。前者的产业化水平高于后者，后者的科技创新和产业创新程度高于前者。未来产业是对未来经济发展模式具有颠覆性影响的新兴产业或者处于萌芽状态的产业，而战略性新兴产业则是技术相对成熟的产业。

2019年2月7日，美国白宫科技政策办公室（OSTP）发布了《美国将主导未来产业》研究报告，这份报告覆盖了被称为美国"基础设施"的人工智能、高端制造、量子技术和5G四个核心技术，呼吁更多的投资和更少的管制，以创造一个更好的发展环境。2021年1月，美国总统科技顾问委员会建议拜登政府建设未来产业研究所，开展未来产业交叉研究，构建从基础研究到应用研究再到产业化全链条的新技术研发体系，推动创新链整合。2018年，英国国家科研与创新署启动"未来领导者研究基金计划"，投入专项资金资助未来产业创新领域的年轻研究员，为开发未来新产品和新技术提供机会。2019年9月，德国联邦教育与研究部发布《高科技战略2025》，其中列出了十大领域，包括无人驾驶、智能诊断和智能治疗。

深圳市是中国最早探索未来产业的地区，也是全球范围最早布局未来产业的城市之一，其成功经验值得借鉴。《深圳市国民经济和社会发展第十四个五年规划和二〇三五年远景目标纲要》（以下简称深圳"十四五"规划纲要）进一步阐明深圳"构建高端高质高新的现代产业体系"的构想，并提出"构建未来产业策源地"的具体思路。强调深圳要聚焦产业基础高级化和产业链现代化，紧盯产业前沿和关键环节，瞄准战略性新兴产业和未来产业，加快建设世界一流的国家科技创新中心，努力在新一轮国际科技竞争中赢得战略主动。深圳"十四五"规划纲要指出，要对产业发展趋势、重点技术展开预测，对前沿技术展开前瞻性的布局，构建一批"未来产业发源地"。这就要求对重点技术提前布局、提前研发、提前攻关，对于已经成熟的技术要进一步提升技术含量，加大科技创新力度，不断提高产品和服务的质量水平。

在5G网络的基础上，对6G网络中的关键技术与体系结构进行预研，并重点对6G网络中支持超高速数据流的内容分发与传输技术进行深入研究。加强对量子信息、量子科技发展的研究，力争在一些重点领域实现突破。积极参加诸如深海空间站、完整的深海潜水器等重大装备的开发，在关键技术上取得突破。

开展空间环境探测、地球科学研究、空间实验和应用研究，为国家重大科技计划的实施提供关键技术支持。加强北斗导航系统应用和推广，为我国高精度地基增强系统建设和北斗导航系统的产业化发展奠定基础。在电动汽车的关键零部件、燃料电池电堆、动力总成等关键技术上取得突破，研发并制造出拥有完全自主知识产权的氢燃料电池汽车整车，构建从氢能的基础研究、关键材料与零部件到整车集成和产业化的完整产业链。

《中华人民共和国国民经济和社会发展第十四个五年规划和2035年远景目标纲要》既从一般意义上提出发展未来产业的要求，也具体谋划了未来产业的中长期发展。其明确指出："着眼于抢占未来产业发展先机，培育先导性和支柱性产业，推动战略性新兴产业融合化、集群化、生态化发展，战略性新兴产业增加值占GDP比重超过17%。"[①] 依托产业规模优势、配套优势和部分领域先发优势，形成创新发展的产业集群优势，不断优化创新发展环境。强化高铁、电力装备、新能源、船舶等领域的全产业链竞争力，补齐核心技术和零部件短板，打造具有国际竞争力的全产业链。

"十四五"规划第九章"发展壮大战略性新兴产业"第二节

---

① 《中华人民共和国国民经济和社会发展第十四个五年规划和2035年远景目标纲要》，人民出版社2021年版，第27页。

"前瞻谋划未来产业"提出了未来产业发展的具体领域:"在类脑智能、量子信息、基因技术、未来网络、深海空天开发、氢能与储能等前沿科技和产业变革领域,组织实施未来产业孵化与加速计划,谋划布局一批未来产业。"[1]在产业基础雄厚和优质科研资源、人才资源集聚区,建立一批国家级的未来产业技术研究院,注重科技创新前沿技术的多路径探索,通过各种渠道充分挖掘新兴技术的潜在价值,将新兴技术与传统产业进行跨界融合。注重科技创新的交叉融合,注重融合基础上的颠覆性技术创新,对具有颠覆性意义的基础研究成果进行研发和应用。

2022年,我国共有24座城市GDP总量超过1万亿元。在这些城市中,有16个城市(北京、上海、广州、深圳、重庆、成都、杭州、武汉、南京、无锡、长沙、郑州、佛山、济南、合肥、东莞)在相关规划和政策性文件中提出发展未来产业。它们所提及的未来产业涉及23个行业,主要包括类脑智能、量子信息、基因与细胞技术、第六代移动通信、氢能与储能、空天科技、深地深海、光子芯片和区块链等。可见,各地都意识到,战略性新兴产业实现可持续发展,要保持未来产业的领先优势;建设现代化产业体系,需要以未来产业的不断试错与培育为基石。

---

[1]《中华人民共和国国民经济和社会发展第十四个五年规划和2035年远景目标纲要》,人民出版社2021年版,第28页。

新质生产力发展的全新赛道[*]
——兼论颠覆性创新的推动作用

2023年9月，习近平总书记在黑龙江考察时创造性地提出"新质生产力"概念。2023年中央经济工作会议再次强调："要以科技创新推动产业创新，特别是以颠覆性技术和前沿技术催生新产业、新模式、新动能，发展新质生产力。"[①]"新质生产力"的概念提出后，有关机构和不少学者进行了内涵、特点解读。例如，中央财办有关负责人在解读2023年中央经济工作会议精神时认为，新质生产力"以劳动者、劳动资料、劳动对象及其优化组合的质变为基本内涵，以全要素生产率提升为核心标志"。这些研究还剖析了新质生产力的形成机制及其与中国式现代化、新型工业化、高质量发展等方面的关系，认为新质生产力是实现中国式现代化和高质量发展的重要基础。一些学者注意到颠

---

[*] 作者：李晓华，中国社会科学院工业经济研究所研究员。
[①] 《中央经济工作会议在北京举行》，《人民日报》2023年12月13日。

覆性创新对新质生产力的推动作用。周文等认为，新质生产力是关键性颠覆性技术实现突破的生产力，新质生产力的"新"体现为关键性颠覆性技术的突破。[①] 余东华等指出，前瞻性、引领性、颠覆性创新是新质生产力的来源。[②] 不少学者认同前沿技术突破和颠覆性创新是新质生产力的动力，由其形成的新兴产业是新质生产力的重要表现。但是，总体上看，对颠覆性创新与新质生产力发展的关系以及相应的产业发展政策的系统性的研究相对欠缺。

新质生产力中的颠覆性创新

新质生产力是由技术革命性突破、生产要素创新性配置、产业深度转型升级而催生的当代先进生产力。科学技术是生产力，而且是第一生产力。尽管增量科技创新也是生产力发展的重要推动力量，但是新质生产力是相对于传统生产力的质的跃升[③]，实现这一跃升是增量型的技术创新所不能达到的，需要前沿技术实现重大突破和颠覆性创新的出现。"颠覆性技术"一词最早由克里斯坦森在《创新者的窘境》一书中提出。2003年，克里

[①] 周文、许凌云:《论新质生产力:内涵特征与重要着力点》,《改革》2023年第10期。
[②] 余东华、马路萌:《新质生产力与新型工业化:理论阐释和互动路径》,《天津社会科学》2023年第6期。
[③] 杜传忠、疏爽、李泽浩:《新质生产力促进经济高质量发展的机制分析与实现路径》,《经济纵横》2023年第12期。

斯坦森和雷纳将"颠覆性技术"扩展为"颠覆性创新"。颠覆性创新意指在主流市场之外的边缘市场的技术创新，基于颠覆性创新的技术通常更便宜、更简单、更小巧以及更便于使用。后来"颠覆性创新"的概念也被用来指那些创造完全不同的技术路线、产品或商业模式，从而使原有的被替代、破坏的技术创新，或者指那些能够创造出世界上不存在的产品或服务、开辟全新领域的技术创新。与新质生产力相关的颠覆性创新应该是后一种含义。推动新质生产力的颠覆性创新是改变程度更大、新颖程度更大、影响程度更深的创新，能够以更高质量的产品、服务、模式等满足人类的需求，同时也开辟了一个全新的蓝海市场，使企业能够获得更大利润、产业具有更高附加价值、相关从业人员能够获得更多收入，从而成为促进经济增长、带动人民富裕的关键力量。新质生产力区别于传统生产力的最主要特征，同时也是新质生产力发展最主要的驱动力就是颠覆性技术创新。

当前，新一轮科技革命和产业变革深入推进，前沿技术不断突破，颠覆性创新不断涌现。从《麻省理工科技评论》评出的"十大突破性技术"可见，当前的技术创新活跃，有些颠覆性技术已经进入产业化应用阶段并释放出巨大的价值，有些蓄势待发，有望在未来产生颠覆性影响。世界主要国家都高度重视颠覆性创新，纷纷出台发展战略、法律和政策对前沿技术和颠覆性创新加大投入、对颠覆性创新的产业转化加大支持，以期引领技术创新和产业发展方向，尽快形成产业新赛道和经济增长新动能，并在创新链、产业链中取得掌控地位、获得更大的价值创造份额。新一轮科技革命和产业变革也使我国第一次有机会和有条件全面拥抱科技革命和产业变革带来的发展机遇，有望在多个细分赛道取得领先。实际上，在过去20年，我国通过抓住科技和产业变革机遇，在数字经济、光伏组件和风电设备、动力电池、新能源汽车等新兴产业均取得巨大成就，电动汽车、锂电池、光伏产品等"新三样"成为我国出口的新亮点。

颠覆性创新推动新质生产力发展的路径

颠覆性创新蕴含着巨大的颠覆性力量，不但能够催生全新的产业赛道，而且能够推动传统产业升级，并重构既有的产业链格局。

首先，开辟全新赛道。许多颠覆性技术创新来自基础研究的重大进展或工程技术的重大突破，使得原有无法实现的科学构想得以工程化、产品化。例如，西门子法生产多晶硅工艺使利用太阳能发电在工程上成为可能。一项颠覆性技术是否能够产生商业价值、开辟新的产业赛道还受到市场需求的制约，有较大规模市场需求的颠覆性技术才能最终实现产业转化。市场需求包括：一是长期存在但是未被有效满足的需求，如人类对健康、长寿的追求；二是企业发现并尝试实现的潜在的需求，

新质生产力发展的全新赛道

○ **颠覆性创新**

概念解释

- 在主流市场之外的边缘市场的技术创新
- 创造完全不同的技术路线、产品或商业模式,是使原有的被替代、破坏的技术创新,或者是那些能够创造出世界上不存在的产品或服务、开辟全新领域的技术创新

与新质生产力的联系

- 是新质生产力区别于传统生产力的最主要特征
- 是新质生产力发展最主要的驱动力

○ **颠覆性创新推动新质生产力发展的路径**

| 开辟全新赛道 | 升级传统产业 | 重构产业格局 |

○ **产业政策转型要点**

高不确定性	市场选择性	时序关联性	不可预测性
需要产业支持政策的转型	需要更好地活跃市场主体	需要秉承包容审慎的原则	需要发挥科技伦理的作用

如智能手机、虚拟现实设备的出现；三是由各国政府人为创造的需求，如为实现应对气候变化目标需要发展可再生能源、节能、碳储存、碳捕获、碳金融等产品和服务；四是能够以更高的效率（更高质量或更低成本）满足已经存在的需求，如更快捷的运输方式。重大科学发现深化了人类对自然规律的认识，是颠覆性创新的理论基础，但二者也并不存在连续递进的关系，从科学发现到颠覆性技术的产业转化常常有一个漫长的时间跨度，比如"光生伏特"效应发现于1839年，但光伏发电到本世纪才实现大规模应用。此外，一些颠覆性的工程化技术虽然没有彻底搞清楚其内在的科学机理，但并不影响其产业化应用。颠覆性创新催生以更高效率满足现有需求或全新需求的产品或服务，如果这种新产品能够被更多的群体所接受，就会创造出一个蓬勃发展的新兴市场和新兴产业。由于产品的生产需要众多产业提供材料、零部件、设备、仪器、软件等投入品，而且很多投入品还需要根据新产品进行适应性的技术创新或架构调整，因此颠覆性创新的产业化还会带动一个包括广泛产业领域的产业生态的发展，进一步壮大新质生产力的力量。

其次，升级传统产业。传统产业是指存在时间比较长、技术比较成熟的产业。由于技术成熟、产业的技术进入门槛低，有大量企业在市场中共存，市场竞争非常激烈。成熟的技术虽然能够以很低的成本满足广泛的市场需求，但是也存在产业增速缓慢，附加价值和利润率低等问题。较早建成的产能虽然满足当时的能耗、二氧化碳排放、污染物排放、生产条件和产品质量等方面的监管标准，但是随着人们认识程度的提高、发展理念的升级等影响，原有的产能可能就不符合当前发展的要求。例如，在碳达峰、碳中和目标的约束下，大幅度提高能源利用效率、使用可再生能源、减少二氧化碳排放成为钢铁、有色、石化、材料等产业升级的要求。新一轮科技革命和产业变革中涌现的颠覆性创新，往往具有通用目的技术的特点，即能够在广泛的领域应用，并通过深度的融合对所应用领域产生深刻的影响。第二次工业革命出现的电力显著改变了各行业的生产方式、组织形态和生产效率。当前，新一轮科技革命和产业变革中的许多通用目的技术特别是数字技术，推动传统产业在要素结构、产品形态、产业业态、业务流程、商业模式等方面发生变革，推动传统产业提高研发效率、降低生产成本、改进产品质量、增强产线柔性、加快响应速度、减少能耗排放、拓展增值服务，成为质量变革、效率变革、动力变革的重要力量。传统产业在颠覆性技术的赋能下实现产业升级、重新焕发生机，成为新质生产力的重要组成部分，而传统产业升级过程中赋能技术的使用也拉动新兴产业需求的快速增长，从而又进一步加速了新质生产力的发展。可以看到，移动通信、云计算、人工智能等数字产业的高速增长源自该行业本身创造的新需求拉动，数字技术在其他行业的广泛应用成为数字产业高速增长的重要推动力。

最后,重构产业格局。在经济全球化时代,世界各国的产业链紧密交联在一起,一个国家某个产业的发展一般不可能离开世界范围内的分工与合作。新质生产力的发展也是在全球分工合作同时又竞争的环境下进行的。颠覆性创新通过两种路径重构世界产业格局。一是在新兴产业形成新的分工格局。尽管发达国家在相对比较成熟的产业方面具有优势,但是在颠覆性创新产业化所形成的新兴产业方面并不一定能够保持这种优势,换句话说,新兴产业格局常常与原有的产业格局有很大不同。发达国家可能对新出现的技术不敏感、支持力度不够,造成颠覆性技术产业化的进程缓慢。反之,在颠覆性技术和由此形成的新兴产业,后发国家与发达国家处于相同的起跑线上,如果政策得当,就有可能实现颠覆性技术更早的产业化和换道超车。从历史上看,许多国家的崛起都是抓住了新一轮科技革命和产业变革中主要的颠覆性创新突破和新兴产业涌现的机会。一个国家新质生产力发展得快,它在全球新兴产业中的份额和分工地位就会提高,反之则会下降。二是重构原有产业的格局。颠覆性技术常常会使产品架构、生产工艺流程等方面发生重大变化。比如,新能源汽车相对于燃油汽车,不仅是动力从发动机变为动力电池,而且主要部件也从由变速箱、离合器、传动轴承构成的传动系统变为驱动电机、电控系统。颠覆性技术在产业化早期阶段形成的产品在成本、性能、价格等方面相对于既有产品往往处于劣势,由于市场规模相比于成熟产品微不足道,在位企业常常会忽视颠覆性创新燃起的"星星之火"。再加上企业内部既得利益的阻挠、打破供应链长期合作关系的巨大成本等因素,在位企业往往在颠覆性技术上的投资不足,从而使产业"新势力"在颠覆性技术、产业链配套、品牌影响等方面后来居上。这是特斯拉成为全球市值最高的汽车制造企业以及我国成为新能源汽车最大生产国、消费国和出口国的重要原因。此外,即使是在产品架构不发生颠覆性变革的情况下,在位企业如果对颠覆性技术的应用(如数字技术推动的数智化转型)反应迟钝,其产业地位同样会被削弱。也要看到,新质生产力的发展不是零和博弈,虽然各国之间在争取更大市场份额,争夺技术和产业主导权、控制权上存在竞争,但更主要的目标是要实现颠覆性技术更快发展、将新兴产业加快做大,通过"做大蛋糕"共同分享新质生产力发展创造的财富。

颠覆性创新的特点与产业政策转型

长期以来,我国在科技和产业发展等方面都落后于发达国家,我国产业发展的主要任务是建立起现代化的产业体系特别是工业体系,缩小与发达国家在既有产业方面的差距,因此我国的科技和产业政策也主要围绕缩小差距的"赶超战略"而建立。但是，经过新中国成立70多年特别是改革开放40多年来的发展，我国产业技术能力显著提高，许多产业无论生产规模还是技术水平已处于世界第一梯队。新一轮科技革命和产业变革更是给我国提供了发展新质生产力的历史契机。驱动新质生产力发展的是前沿技术和颠覆性技术，新质生产力的核心构成是由前沿技术突破和颠覆性创新形成的战略性新兴产业和未来产业，在这些方面，我国和世界其他国家处于相同的起跑线上，没有其他国家的经验可以借鉴、教训可以吸取。发展新质生产力，意味着我国科技和产业发展进入"无人区"，产业政策需要根据颠覆性创新和新兴产业的特点做出适应性的转型。

  首先，高不确定性需要产业支持政策的转型。在与先发国家存在较大差距时，后发国家企业引进学习世界范围的先进技术，政府部门通过创新政策和产业政策支持已经被市场证明成功的技术路线，可以加快后发国家产业发展，在更短的时间内缩小与发达国家的差距。这种"选择优胜者"的产业政策在许多后发国家的追赶过程中都发挥了重要作用。但是颠覆性创新和新兴产业在技术路线、应用场景等方面具有很高的不确定性，无论是科研机构、企业还是政府，都无法在事前准确判断技术向什么方向发展、哪种技术能实现工程化以及大规模产业化、具有大规模应用的场景在哪里，因此事先选择优胜者的产业支持政策失灵。[①]政府的作用应由选择型向功能型转型，转向创造更好的科技创新和产业发展环境，弥补科技创新和产业转化早期阶段的市场失灵问题，比如，加大基础研究的投入、创造早期应用市场，以及适时进行制度、法律和政策改革以适应新技术、新产品、新模式发展的要求。

其次，市场选择性需要更好地活跃市场主体。当科学家看到某个有重大突破的技术方向时就会大量涌入，企业看到某个重大的市场机会时也会纷纷进行创业、投资。无论是在科技创新的早期阶段还是新兴产业发展的初期阶段，主导设计尚未形成，同时并存许多条不同的技术路线。至于哪条技术路线能够最终成为主导设计而胜出，需要在市场竞争之中、在供给与需求的互动中确定。市场面对不确定性的机会就是让大量的科研机构和企业沿着不同的研究方向、技术路线进行探索，随着时间推移，各方对技术方向逐步形成共识，实现技术路线的收敛。要让市场选择发挥作用，既需要有大量的科技创新主体、市场主体在尽可能多的方向上进行探索，还需要市场机制充分发挥作用，通过有效竞争在众多的颠覆性技术中筛选出最可行的方案。因此，在科技政策上应鼓励科研机构和科学家进行更加自由的科研探索，并改变过去那种"以成败论英雄"的科研考核机制；

[①] 李晓华、王怡帆:《未来产业的演化机制与产业政策选择》,《改革》2021年第2期。

在产业政策上，应鼓励科技型创业，便利企业的注册、退出，并创造更加宽容失败的社会氛围；在竞争政策上，应建立全国统一大市场和各类企业公平竞争的市场环境，让企业家才能充分释放。

再次，时序关联性需要秉承包容审慎的原则。颠覆性技术的主要应用场景在不同的时间段可能会发生显著的改变，具有更大潜力、催生新一代颠覆性创新的场景有可能在未来出现，即颠覆性创新及其应用场景具有时序关联性，这就使得今天一个产业发展可能会对明天另一个产业产生重要的影响。但是，在影响发生之前，同样无法准确预料，这是颠覆性创新和新兴产业高不确定性的另一种表现。技术的迭代创新必须有市场应用的支持，如果对颠覆性技术应用管得过死，限制它在某些存在一定不合意影响领域的应用，很可能就会使该技术的应用市场发展不起来或规模不够大，从而缺少足够的营收支撑企业的成长。由于缺乏对技术创新的持续支持，该技术的进步也会更加缓慢，甚至停滞乃至消亡。当依赖该技术的新技术出现时，就会由于缺少必要的技术储备而限制新一代颠覆性技术的突破和产业化。特别是在不同国家采取的监管政策存在巨大差异时，之前对颠覆性技术应用的限制可能会造成新一代颠覆性技术发展的落伍。这就意味着产业监管政策的实施应非常谨慎，需要采取包容审慎的原则，给新技术更大的应用空间，尽可能把限制控制在较小的程度。

最后,不可预测性需要发挥科技伦理的作用。颠覆性创新并非总是带来积极的影响,对新技术认识的不充分和滥用不仅可能造成经济损失,甚至可能给人类带来毁灭性的后果。例如,核能的武器化存在夺取大量生命甚至毁灭地球的可能;再如,ChatGPT出现后,许多科学家和企业家产生了对通用人工智能滥用的破坏力的担忧。同时,政府监管存在滞后性,且跟不上技术和产业快速演进的速度,难以用常规的监管方法对技术的有害后果进行及时治理。但是我们不能因为无法预判技术的负面影响而停止科技创新和产业发展,可以通过科技伦理的事前自我治理、事中社会治理和事后政府治理的协同机制,尽可能早地发现和纠正有可能对人类社会造成巨大损害的科技创新,对科技的负面影响做出更及时的预防。[1]

---

[1] 李晓华:《数字经济的科技伦理治理:动因与机制》,《中国发展观察》2023年第6期。

第二篇

因地制宜
发展新质生产力

因地制宜推动
新质生产力加快发展*

因地制宜发展新质生产力是打造发展新优势、赢得发展主动权的必由之路，集中体现了我国新时代高质量发展的新规律、新趋势。2024年1月31日，习近平总书记在二十届中共中央政治局第十一次集体学习时指出："发展新质生产力是推动高质量发展的内在要求和重要着力点，必须继续做好创新这篇大文章，推动新质生产力加快发展。"[1] 2024年3月5日，习近平总书记在参加十四届全国人大二次会议江苏代表团审议时指出："要牢牢把握高质量发展这个首要任务，因地制宜发展新质生产力。""发展新质生产力不是忽视、放弃传统产业，要防止一哄而上、泡沫化，也不要搞一种模式。"[2] 习近平总书记关于新质生产力的系

---

* 作者：涂永红，中国人民大学长江经济带研究院院长，国际货币研究所副所长，财金学院教授。
[1]《加快发展新质生产力 扎实推进高质量发展》，《人民日报》2024年2月2日。
[2]《因地制宜发展新质生产力》，《人民日报》2024年3月6日。

列重要论述，是新时代马克思主义生产力理论的重要发展，为正确认识和加快发展新质生产力、全面推进中国式现代化建设提供了理论指导和行动指南。

发展新质生产力要突出创新性、系统性和先进性

首先，坚持科技引领，突出创新性。科技是第一生产力，在人类历史上，每一次重大科技革命都会催生出新质态的生产力。因此，必须坚持科技创新，培育发展壮大新质生产力的原动力。当前，全球以大数据、人工智能、量子计算为代表的新一轮技术革命日新月异，世界主要经济体纷纷制定高科技发展战略，争取率先取得革命性突破，开辟生产力发展新赛道，赢得国际竞争新优势。我国高度重视科技创新，2023年全社会研究与试验发展（R&D）经费支出与国内生产总值之比达到2.64%，进入创新型国家行列，并在太空、深海、电动汽车、锂电池、晶硅光伏等领域取得技术领先优势。但同时，美国构筑"小院高墙"，对我国的技术封锁与遏制不断升级，我国面临的基础研究、电子信息、航空航天、发光材料以及芯片等"卡脖子"技术问题亟待破解。发挥新型举国体制优势，加大科技创新力度，获得更多原创性、颠覆性技术，迈进创新型国家前列，从而厚植高质量发展的技术基础。强化科技创新引领，重点是推动战略性新兴产业融合集群发展，构建新一代信息技术、人工智能、生物技术、新能源、新

材料、高端装备、绿色环保等经济增长新引擎。

其次，坚持新发展理念，突出系统性。在新一代技术与数据要素的共同作用下，生产要素重塑蝶变，新业态、新模式、新动力不断涌现，推动人类生产方式、生活方式、发展模式、社会运行和制度体系发生革命性变化。作为符合新发展理念的生产力，新质生产力的发展进程是创新、协调、绿色、开放、共享的有机统一，具有较强的系统性。创新是发展新质生产力起主导作用的核心要素。在原创性、颠覆性技术不断涌现的基础上，衍生出更多的新业态、新模式、新渠道，将创新成果转化成强大的生产力。协调是新质生产力加速发展的内在要求。发展新质生产力的着力点在于科技、新兴产业及生产领域，但又不仅限于此，还涉及传统产业、教育、金融、社会管理、体制机制等更多维度，需要四面八方、上上下下齐心协力共同推动。绿色发展是高质量发展的底色，新质生产力本身就是绿色生产力。改革开放是我国的基本国策，高水平开放是高质量发展的必由之路，开放带来更大范围、更高水平的竞争与活力，有利于促进生产要素更高效率配置，关起门来是不可能发展新质生产力的。加大高水平开放，对标国际高标准，推进制度型开放，在加速构建新发展格局中发展新质生产力。共享规定了新质生产力的目的和重要特征，满足人民对美好生活的追求，是发展新质生产力的出发点。习近平总书记强调，生产关系必须与生产力发展要求相适应。①发展新质生产力,需要进一步全面深化改革,破除区域之间的制度障碍,建设完善全国统一大市场,发挥超大规模国内市场优势,保障各类先进优质生产要素顺畅流动,促进科技创新收益最大化。健全各类生产要素参与收入分配的机制,调动各行各业劳动者主观能动性,为新质生产力加速发展提供制度保障。

最后,坚持效率优先,突出先进性。各国的资源禀赋、发展阶段、社会制度和生产关系不同,生产要素配置存在差异,形成了质态和发展水平不同的生产力。新质生产力本质上是先进的,依靠创新驱动和生产要素的优化组合与质的跃升,依靠科技进步与数字赋能,在劳动者、劳动资料、劳动对象等生产要素投入基本不变的情况下,能够大幅提高产出水平,推动经济实现质的有效提升和量的合理增长。新质生产力的先进性体现为优质和高效,各种生产要素都是优质的,具有显著的高科技、高质量特征。新质生产力以全要素生产率大幅提升作为核心标志,确保在与其他质态的生产力竞争中发展更快、优势更大。鉴于生产资料的技术含量是决定生产力先进性的重要因素,需要抓住科技创新、设备改造升级这个关键环节,将人工智能、区块链、大数据、物联网技术广泛融入生产资料,推动

---

① 《加快发展新质生产力 扎实推进高质量发展》,《人民日报》2024年2月2日。

科技成果转化，提高机器设备的先进水平，为发展新质生产力创造必要条件。

澄清认识误区，因地制宜发展新质生产力

当前，有的地方对新质生产力存在一些认识误区，对其丰富内涵、本质特征、发展模式和动力源泉认识不够清晰、把握不够全面，在发展新质生产力的实践中出现了一哄而上、盲目蛮干的现象。对此，有必要统一思想、澄清认识误区，尽快处理好新兴产业与传统产业、统一标准与因地制宜、生产发展与制度改革之间的关系，避开误区陷阱，少走弯路，加快形成符合各自发展特色的新质生产力。

首先，统筹产业发展，既要求"新"也要提"旧"。新质生产力的特点是创新，将创新作为第一动力，全面更新生产要素，培养新型人才，使用新技术、新材料、新工具，构建新网络、新平台，形成发展新模式和新动力。新质生产力由技术革命性突破、生产要素创新性配置、产业深度转型升级而催生。然而，革故鼎新，不仅包括技术和业态模式层面的创新，还包括管理和制度层面的创新，需要处理好新兴产业与传统产业之间的关系。新兴产业和未来产业是创新驱动的产物，具有更高的技术门槛，是培育和发展新质生产力的主阵地，也是抢占未来竞争制高点和构建国家竞争新优势的新赛道。同时也需要清醒地认识

因地制宜推动新质生产力加快发展

重要性
- 打造发展新优势、赢得发展主动权的必由之路
- 集中体现了我国新时代高质量发展的新规律、新趋势

需突出的3大原则
- 坚持科技引领，突出创新性
- 坚持新发展理念，突出系统性
- 坚持效率优先，突出先进性

需处理好的3对关系
统筹产业发展	既要求"新"也要提"旧"
因地制宜	既要逐"新"也要务"实"
建立新型生产关系	既要抓发展也要抓改革

3大重要发力点
- 提高创新能力，培育壮大新动能
- 加强数字赋能，助力塑造新优势
- 厚植人才沃土，着力夯实新根基

到，尽管我国是制造大国，拥有全球最完备、最齐全的工业门类，但是根据工业和信息化部发布的数据，2022年我国战略性新兴产业增加值占国内生产总值比重超过13%。推动传统产业升级改造、提升传统产业的竞争力，对我国稳就业、稳增长、稳外贸至关重要。因此，发展新质生产力，建设制造强国，不能忽视、放弃传统产业，更不能简单地"腾笼换鸟""以新汰旧"，而是需要致力于提高劳动者、劳动对象和劳动资料等一般生产要素的品质和效能，加入和发展科技、管理、数据等新的生产要素，拓展传统产业发展新质生产力的新路径。通过科技创新赋能，强化传统产业的高科技、高效能、高质量特征，使其发展成为新质生产力的重要载体。

其次，因地制宜，既要逐"新"也要务"实"。纵观历史，四次科技革命带来生产力发展动力和模式的巨大变化，在不同的历史阶段促进生产力提质增效。实际上，生产力发展具有阶段性和局限性，当下的生产力在历史上几乎都曾经是某种程度的"新质"生产力，发展新质生产力并没有一个绝对的、固定的范式和标准。我国各省区市人才、产业、资源禀赋优势差异较大，区域发展不平衡，需要实事求是、因地制宜，把握好发展新质生产力的重点、路径和节奏。长三角、粤港澳大湾区、京津冀、成渝地区双城经济圈经济基础雄厚、科研力量强大，创新条件和环境好，需要强化产教融合，促进科技、产业、金融良性循环，打造国际创新高地，突破关键核心技术，培育产业链龙头企业，构建新兴产业集群和新的增长极。其他地区需要充分发挥区位、资源禀赋和特色经济优势，准确把握好点与面、新与旧、稳与进的辩证关系，坚持稳中求进、以进促稳、先立后破的原则，综合考虑人才、产业、资金、管理、制度环境等条件，找准发展新质生产力的主攻方向和突破口，集中力量推动生产要素优化组合，重点抓好传统产业的升级改造工作。

最后，建立新型生产关系，既要抓发展也要抓改革。发展是硬道理，当前存在的各种问题，需要通过发展来解决。牢牢抓住提高全要素生产率这个核心指标，激励经济主体各尽所能，找准自身发展新质生产力的方向和途径，实现生产要素的创新性配置。根据历史唯物主义，生产力决定生产关系，生产关系反作用于生产力，需要针对新质生产力的堵点和卡点，深化体制机制改革，科学制定和完善生产资料所有制度、分配制度、考核制度，建立符合新质生产力发展规律的新型生产关系，打通束缚新质生产力发展的堵点和卡点，为新质生产力的发展壮大服务，为鼓励创新、促进科技成果转化、优化生产要素组合及跃升营造良好制度环境。改革和完善生产关系的核心是处理好政府和市场的关系，既需要通过战略规划、产业政策、绩效考核、标准体系等宏观管理手段，充分发挥有为政府的积极作用，引导资源流向科技创新一线，克服市场失灵顽疾，促进科技－产业－金融良性循环，壮大新质生产力发展的新动能，也需要充分发挥市场在资源配置中的决定性作用，加快建设高效规范、公平竞争、充分开放的全国统一大市场，尊重市场规律，推动生产要素按照市场供求关系定价，用市场手段实现资源和生产要素跨行业、跨区域、跨境优化配置，不断提高全要素生产率。

真抓实干，在科技创新、数字赋能、人才引育三方面重点着力

首先，提高创新能力，培育壮大新动能。一方面，以科技创新主导新质生产力发展。习近平总书记指出："科技创新能够催生新产业、新模式、新动能，是发展新质生产力的核心要素。"[1] 创新是第一动力，自实施创新驱动战略以来，我国科技创新取得了历史性成就。2023年9月，世界知识产权组织发布的《2023年全球创新指数》报告显示，我国是前30名中唯一的中等收入经济体，排名第12位，在全球五大科技集群中占据三席，我国研发人员总量、研发经费投入、发明专利等都居世界前列，科技实力从量的积累迈向质的飞跃。但也要看到，我国科技创新存在大而不强的问题，制约新质生产力发展的科技瓶颈和短板仍然存在，集中表现为重大原创性成果缺乏、底层基础技术和工艺能力不足等。抓住提高科技创新能力这个"牛鼻子"，站

---

[1]《加快发展新质生产力 扎实推进高质量发展》，《人民日报》2024年2月2日。

在全球科技创新前沿，开放包容，善用全球科技创新资源，加强国际科技交流合作，进一步深化原始创新和集成创新，努力创造更多"从0到1"的原创性成果。以前沿技术领域的颠覆式、突破式创新为导向，超前部署、全面开展前瞻性、先导性和探索性的前沿技术研究，大力支持产业应用研究，打好工业软件、高端芯片等重点产业与战略性新兴产业领域的关键核心技术攻坚战，统筹推进产业基础再造工程和重大技术装备攻关工程，推进绿色低碳技术创新与应用，协同构建产业科技创新体系和多元清洁能源供应体系，形成一批具有自主知识产权和规模化应用前景的科技成果，不断提升制造业底层技术、关键核心技术自主供给能力和核心竞争力。积极发挥金融的"加速器"作用，引导创新要素向企业集聚，强化企业自主创新的意识和能力，强化科技创新对产业转型升级的驱动作用，推动更多科技成果转化为现实的新质生产力。

另一方面，加大体制创新护航新质生产力发展。深化科技体制改革，破除影响新质生产力发展的体制机制障碍，大幅度提升全要素生产率。加快完善新型举国体制，发挥我国集中力量办大事的制度优势与超大规模市场优势，聚焦经济建设和事关国家发展与安全的重大科技问题，集成政府和私人部门资源，建立共同攻克重大科技难题的组织模式和运行机制。在充分发挥国家战略导向作用的同时，形成以企业为主体的创新生态系统。加大基础研究财政支持力度，通过税收优惠、支持设立科学基金等多种方式鼓励社会资本加大基础研究投入力度，健全支持原始创新的体制机制。优化科技资源配置，构建由国家实验室、高水平科研院所、高校和创新型领军企业高效协同的科技创新体系，促进产学研用深度融合，提升跨领域、跨学科协同攻关能力，同时加快推动产业链上下游、大中小企业融通创新，形成利益共享、风险共担的合作机制。健全知识产权法律法规体系，扩大赋予科研人员职务科技成果所有权或长期使用权试点范围和成果类型，激励高等院校和科研机构转化科技成果，为新质生产力的可持续发展提供技术支撑。

其次，加强数字赋能，助力塑造新优势。一方面，以数字赋能加快构建现代化产业体系。我国是全世界唯一拥有联合国产业分类中全部工业门类的国家，220多种工业产品产量居世界首位。但是，我国产业科技含金量还不够高，仍处在全球价值链中低端。加快经济数字化转型，通过数字赋能推动新质生产力发展，补齐产业发展短板弱项，加快高端化、智能化、绿色化发展进程，构建现代化产业体系，是我国赢得未来国际竞争力和形成领先优势的关键。各地区、各部门、各行各业需要立足自身特点和禀赋条件，找准新质生产力的发展方向和路径，大力发展数字经济，推动大数据、人工智能技术与新兴产业、特色经济的深度融合，前瞻性部署元宇宙、量子信息、脑机接口等未来产业，加速推进新技术、新产品落地应用，厚植发展新优势，形成各具特色、错位发展的最优化产业布局。充分利用现代数字信息技术、人工智能技术等对传统制造业进行全系统、全角度、全链条改造，重点发展智能制造、绿色制造，促进制造业数字化、智能化、绿色化发展，积极建设"数字工厂""未来工厂"，拓展多元化应用场景，强链补链，推进数字产业链现代化，打造具有国际竞争力的数字产业集群，以强大的数据渗透和创新能力助推新质生产力加速发展。

另一方面，加快基础设施建设和要素保障。发挥数字赋能的杠杆作用，前提是建设数量充足、功能强大的新型基础设施。聚焦新一代信息技术产业等重点产业领域，大力推进以5G、工业互联网为代表的新型基础设施建设，协同布局算据、算力、算法，培育产业互联网平台，实现网络贯通、万物互联，有效促进数据资源和数据要素高效流通，放大新型基础设施乘数效应，切实提升数字生产力。数据要素是数字经济深化发展的核心引擎，加快培育数据要素市场，建立健全数据安全、权利保护、跨境传输管理、交易流通、开放共享、安全认证等基础制度和标准规范，加强统筹规划，打破数据壁垒，整合多类别数据交易平台、多样化数据交易模式，健全数据赋能的体制机制。需要将数据变成主要的生产要素，促进数据深度融入劳动资料和劳动对象，充分发挥其独有的低边际成本、强渗透性和融合性作用，推动传统生产要素重新组合，为生产力发展模式、路径和动力创新提供实现平台和有效手段。

最后，厚植人才沃土，着力夯实新根基。人才是第一资源，发展新质生产力需要打造强大的新型劳动者队伍。加强科技创新人才的引育力度，完善人才培养、引进、使用、合理流动的工作机制，探索建立差异化、长周期、多元化的专业人才评价体系，面向全球引育院士、战略科学家、院士后备人才等高端稀缺人才，打造一流科技领军人才和创新团队。优化高等学校学科设置和人才培养模式，以新质生产力对人才市场需求总量和结构的变化为目标导向，建立学科专业结构优化动态调整机制，打破路径依赖和学科壁垒，探索培养学科交叉融合的复合型人才。根据战略性新兴产业和未来产业发展需要，推进现代信息技术与文理农医等学科深度融合，同时深化高校、职业院校和企业之间的合作，打通科研创新、科技成果转化、产业创新的"接口"，推进部分普通本科高校向应用型转变，培养能够熟练掌握先进生产资料的应用型人才。深化改革分配制度，健全要素参与收入分配机制，更好体现知识、技术、人才的市场价值。根据基本生产要素、新增生产要素（如知识、技术、管理、资本和数据等）的贡献建立科学考核机制，充分体现人才是第一资源的价值，激发各生产要素活力，促进生产要素的优化配置和跃升，为发展新质生产力筑牢人才基石。

以新质生产力发展
推进中国式现代化建设 *

新质生产力是以科技创新为主要驱动力量，以培育和形成战略性新兴产业和未来产业为主要支撑，以推动经济社会高效率、高质量可持续发展为目标的生产力。相较于传统生产力，新质生产力在要素构成、属性特征上都发生了质的跃进，提出新质生产力是对马克思主义生产力理论的又一次理论创新。在全球科技竞争日益激烈的背景下，中国需要遵循生产力形成与发展规律，探究新质生产力的发展路径，增强中国式现代化发展新动能。

新质生产力的理论价值

历史唯物主义是关于人类社会发展规律的科学理论，生产力则是其中最为核心的概念体系，是理解社会发展动力的关键

---

* 作者：张乐，山东大学生活质量与公共政策研究中心专任研究员，山东大学政治学与公共管理学院教授。

钥匙。新质生产力是以科技创新为主要驱动力量，以培育和形成战略性新兴产业和未来产业为主要支撑，以推动经济社会高效率、高质量可持续发展为目标的生产力。当今世界面临百年未有之大变局，全球科技竞争日益白热化。新质生产力概念继承了马克思主义的基本观点，并赋予了时代新内涵，是重要的理论创新。

首先，新质生产力坚持了马克思主义生产力理论的基本观点。生产力理论是马克思主义政治经济学的基本原理。在马克思那里，生产力是一个系统性概念。首先，它是指劳动生产能力。劳动生产力是劳动者的"生产能力"，特别是指劳动者生产使用价值的能力。其次，它是社会部门的集体生产力。在特定生产领域，劳动者基于劳动分工，进行劳动协作，"造成了社会生产过程的质的划分和量的比例，从而创立了社会劳动的一定组织，这样就同时发展了新的、社会的劳动生产力"[1]，也即是集体生产力。最后，它是社会总和生产力，也即是广义的社会生产力。一个社会在物质生产中所形成的总能力、创造物质财富的总合力，是一定社会物质生产劳动与那些具有相对独立性（如生产关系、政治制度、文化传统甚至宗教观念）的全部社会因素相互作用的总结果，马克思认为"人们所达到的生产力的总和决定着

---

[1]〔德〕马克思：《资本论》第1卷，人民出版社2018年版，第421—422页。

社会状况"①。

概括起来，马克思主义生产力理论主要包括五大观点：一是生产力是推动人类社会经济发展的核心动力；二是生产力由劳动者和生产资料构成，其中不断更新的生产工具是先进生产力最重要的标志；三是生产力中包括科学，科技进步推动生产资料效能的提升，使得劳动生产能力不断提高；四是工业化时代以来的生产力发展，都是先从机器设备开始，制造业是生产力发展的主要支撑性部门；五是生产力与生产关系构成特定的社会生产方式，生产力对生产关系起决定作用，生产关系对生产力也有反作用。

其次，新质生产力是中国共产党对生产力理论的继承与发展。一代又一代的中国共产党人将马克思主义基本原理同中国革命、建设和改革实践相结合，推动生产力理论的创新发展。

在新民主主义革命期间，早期的中国共产党人根据马克思主义的生产力学说，提出通过发动武装革命才能推翻束缚生产力发展的旧社会，才能解放和发展生产力的观点。在社会主义革命和建设时期，毛泽东同志认为，全国人民的主要任务是集中力量发展社会生产力，实现国家工业化，逐步满足人民日益增长的物质和文化需要。在改革开放和社会主义现代化建设新时期，邓小平同志认为，社会主义的本质就是解放和发展生产力，

---

① 《马克思恩格斯选集》第1卷，人民出版社2012年版，第160页。

改革与革命一样具有扫除发展障碍、解放生产力和发展生产力的功能，并明确提出"科学技术是第一生产力"的著名论断。江泽民同志指出，科学技术是先进生产力的集中体现和主要标志。胡锦涛同志提出科学发展观，认为生产力的发展必须建立在可持续发展的基础上，不能把当代人的幸福建立在对后代人的资源的过度消耗之上。

中国特色社会主义进入新时代，以习近平同志为核心的党中央重申了"解放和发展社会生产力是社会主义的本质要求"的观点，坚持创新在我国现代化建设全局中的核心地位。习近平总书记提出新质生产力的概念，对生产力的认识进行了新的深化。

最后，新质生产力对生产力概念进行了新的理论跃升。中国特色社会主义进入新时代，面对世界百年未有之大变局和新一轮科技革命蓬勃兴起，中国共产党人对生产力有了更深刻的认识和新的理解。新质生产力的提出使生产力概念得到新的理论跃升，主要体现在以下三个方面。

其一，进一步丰富了生产要素的内涵。生产力是所有生产要素综合发挥作用的总和力量，其中的生产要素是指在进行物质生产活动时必须消耗的自然资源以及一定的经济社会条件支持。传统的生产要素包括自然要素、劳动要素、资本要素，新质生产力中更加强调技术要素和数据要素的作用，在内涵上突出科技创新作为第一生产要素的角色功能。从传统生产力向新质生产力跃升，主要依靠科学理论的新发现以及由此引发的关键技术的突破性创新，以此带动社会生产率的显著提高。

其二，指明了发展生产力的新方向。形成新质生产力有两大方向：一是整合科技创新资源与引领发展战略性新兴产业和未来产业。科技资源配置是指科技资源在不同活动主体、学科领域、时空上的分配与组合。快速形成新质生产力，需要依靠科技创新，而优化整合科技资源配置是促进有效创新的基础性工作，包括以国家战略性需求为导向推进国家创新体系优化组合，以投入主体多元化、管理制度现代化、运行机制市场化为形式的复合配置两种方式。二是着眼于抢占未来产业发展先机，培育先导性和支柱性产业，推动战略性新兴产业融合化、集群化、生态化发展。

其三，给出了新时代发展生产力的清晰目标与具体任务。无论是强调创新驱动还是培育壮大战略性新兴产业与未来产业，目的都是加快形成新质生产力，增强发展新动能。解放和发展生产力是社会主义的本质要求，加快形成新质生产力，要主动把握新一轮科技革命和产业变革的历史新机遇，深化改革，清除阻碍新质生产力形成的各种障碍，增强社会创新创业活力，尽快形成有内生动力和国际竞争力的生产力新质态，实现增长方式转型，以此成为塑造推动中国经济社会高质量发展的决定性力量和动力源泉。

新质生产力为中国式现代化提供新动能

面对新一轮科技革命与产业变革的时代大潮，我们要遵循生产力形成与发展规律，科学合理优化生产要素组合和结构，探究新质生产力的发展路径，为中国式现代化提供新动能。

第一，建设创新型人才梯队，形成创新高地。人才是劳动者群体中的优秀分子，人才是第一资源，人才也是生产力。创新驱动从本质上讲就是人才驱动，只有拥有一流的创新人才，才能拥有科技创新的优势和主导权。

首先，培养使用战略科学家。新质生产力代表着生产力的发展方向，是引领未来的先进生产力，那些站在国际科技前沿、引领科技自主创新、能承担国家战略科技任务的人才是形成和推动新质生产力的关键要素。战略科学家是科学帅才，是国家战略人才力量中的"关键少数"，他们大多是具有深厚科学素养、长期奋战在科研第一线，视野开阔，具有前瞻性判断力、跨学科理解能力、大兵团作战组织领导能力强的科学家。培养战略科学家，一要加强党和国家对国家重大科研项目的领导和指导；二要善于从科技创新主战场上涌现出来的人才中选拔，从科技创新主力军中发现和锻炼；三要坚持长远眼光，有意识地培养那些有潜质的高层次复合型人才，逐步形成战略科学家成长梯队。

新质生产力的理论价值和发展路径

理论价值

- 坚持了马克思主义生产力理论的基本观点
- 是中国共产党对生产力理论的继承与发展
- 对生产力概念进行了新的理论跃升

发展路径

- 建设创新型人才梯队，形成创新高地
  - 培养使用战略科学家
  - 打造一流科技领军人才和创新团队，形成规模效应
  - 加快建设世界重要人才中心和创新高地

- 加快实施创新驱动发展战略，奠定科技创新优势
  - 加强科学技术的基础研究
  - 充分发挥企业技术创新主体的功能

- 加快发展新兴未来产业，以产业升级增强发展新动能
  - 培育先进制造业集群
  - 发展壮大战略性新兴产业
  - 谋划扶持未来产业

其次，打造一流科技领军人才和创新团队，形成规模效应。科技领军人才和高水平创新团队是科学研究、科技创新的主力军。建立特殊调配机制，通过跨部门、跨地区、跨行业、跨体制调集掌握关键核心技术的领军人才，注重引进海外优秀科学家，使更多全球智慧资源、创新要素为我所用，组建"卡脖子"技术的攻坚团队，围绕国家重点领域、重点产业，组织产学研协同攻关，在重大科研任务中培养人才。进一步发挥国家实验室、国家科研机构、高水平研究型大学、科技领军企业的国家队作用，加速集聚、重点支持一流科技领军人才和创新团队建设。各类人才培养引进支持计划要向青年人才倾斜，通过学术传承和梯队建设，支持青年人才挑大梁、当主角，造就规模宏大的青年科技人才队伍，保障国家战略人才梯队始终有源头活水。探索形成中国特色、世界水平的卓越工程师、高技能工匠培养体系，建设一支爱党报国、敬业奉献、技术创新能力突出、善于解决复杂问题的高素质劳动者队伍，为新质生产力的形成提供强大的人力资源支撑。

最后，加快建设世界重要人才中心和创新高地。中国要想形成新质生产力，增强发展新动能，产生竞争新优势，需要打造世界一流的人才中心和创新高地，这样才能充分发挥人才创新能力及相互作用的集聚效应。在布局上，以北京、上海、粤港澳大湾区为示范区，建设高水平人才中心。在机制改革方面，集中国家优质资源重点支持建设一批国家实验室和高科技综合研发平台，通过向用人主体授权，赋予科学家更大技术路线决定权、更大经费支配权、更大资源调度权和建立完善科学动态的人才评价体系等体制机制改革试点，为人才提供国际一流的创新平台，加快形成创新高地。

第二，加快实施创新驱动发展战略，奠定科技创新优势。新质生产力是将科技创新作为核心驱动力量的生产力，创新是关键。因此，加快形成新质生产力，要坚定不移地走自主创新之路。以自主为特征要求的科技创新需要从以下几点着力。

首先，加强科学技术的基础研究。基础研究是整个科学体系的源头，加强基础研究是实现高水平科技自立自强的迫切要求。其一，以国家战略需求为导向，集聚力量进行原创性、引领性科技攻关，瞄准人工智能、量子信息、集成电路、生命健康、脑科学、生物育种、空天科技、深地深海等前沿领域，实施一批具有前瞻性、战略性的国家重大科技项目，在源头解决"卡脖子"问题，打赢关键核心技术攻坚战。其二，突出原创，鼓励自由探索。充分保障自由探索型基础研究的经费比例，强化全社会对自由探索型基础研究的支持。完善评价机制，以研究的原创性和学术贡献作为主要评价标准，探索长周期评价和国际同行评价体系，建立鼓励创新、宽容失败的容错机制，鼓励科研人员大胆探索、挑战未知。其三，开展广泛的基础研究国际合作。坚持开放思维和互惠共享理念，通过主动设计和牵头发起研究项目、加大国家科技计划对外开放力度等方式更加主动地融入全球创新网络，营造具有全球竞争力的开放创新生态。

其次，充分发挥企业技术创新主体的功能。企业是各种生产要素的汇聚地，也是创新的重要主体，更是生产力整合和发挥作用的枢纽。加快形成新质生产力，完善技术创新市场导向机制，强化企业的创新主体地位，促进创新要素向企业集聚，形成以企业为主体、市场为导向、产学研用深度融合的技术创新体系。其一，激发企业创新的愿意。通过推动研发费用加计扣除、高新技术企业税收优惠、科技创业孵化载体税收优惠、技术交易税收优惠等正面激励强化企业创新的动机；完善落实国有企业创新考核、激励与容错机制，同时健全民营企业获得创新资源的公平性和便利性措施，打消企业"创新高风险"的顾虑。其二，提高企业创新的能力。修订完善鼓励企业研发的重点领域指导目录，引导企业围绕国家需求开展技术创新，鼓励企业牵头组织实施，探索政府和社会资本合作开展关键核心技术攻关的途径。推动国家科研平台、科技报告、科研数据进一步向企业开放，打造新型共性技术平台，解决跨行业跨领域关键共性技术问题。完善"众创空间—孵化器—加速器—产业园"孵化链条，推广"投资+孵化"模式，提升创新创业载体的专业化服务能力。其三，降低企业创新风险。建立金融支持科技创新体系常态化的工作协调机制，强化对企业创新的风险投资等金融支持，引导创投企业投早、投小、投硬科技。完善企业创新服务体系，用好用足科技创新再贷款、重大科技成果产业化专题债等政策工具，鼓励金融机构发展知识产权质押融资、科技保险等科技金融产品，开展科技成果转化贷款风险补偿试点，最大限度降低企业创新风险。

第三，加快发展新兴未来产业，以产业升级增强发展新动能。加快形成新质生产力，要通过科技创新驱动产业向现代化转型升级，尤其是培育和发展战略性新兴产业和未来产业，以产业升级构筑竞争优势，增强发展新动能。

首先，培育先进制造业集群。培育先进产业集群，是拓展制造业发展新空间，推动制造业优化升级、参与全球产业链分工合作的重要途径。其中，推动集成电路、航空航天、船舶与海洋工程装备、机器人、先进轨道交通装备、先进电力装备、工程机械、高端数控机床、医药及医疗设备等产业创新发展是优先事项。一是通过对重点行业企业改造升级，提升这些制造行业的智能化和绿色化水平。二是实施领航企业培育工程，深入实施增强制造业核心竞争力和技术改造专项，鼓励企业应用先进适用技术、加强设备更新和新产品规模化应用，培育一批具有生态主导力和核心竞争力的龙头企业。三是培育专精特新"小巨人"企业和制造业单项冠军企业，推动制造业产品"增品种、提品质、创品牌"。四是推进制造业补链强链，巩固提升高铁、电力装备、新能源、船舶等领域全产业链竞争力，从符合未来产业变革方向的整机产品入手打造战略性全局性产业链。

其次，发展壮大战略性新兴产业。战略性新兴产业代表新一轮科技革命和产业变革的方向，是形成新质生产力、打造国际竞争新优势的关键领域。一是深入实施国家战略性新兴产业集群发展工程，健全产业集群组织管理和专业化推进机制，培育新技术、新产品、新业态、新模式，构建一批各具特色、优势互补、结构合理的战略性新兴产业增长引擎。二是加快关键核心技术创新应用，加快壮大新一代信息技术、生物技术、新能源、新材料、高端装备、新能源汽车、绿色环保以及航空航天、海洋装备等产业，增强生产要素保障能力，培育壮大产业发展新动能。三是促进平台经济、共享经济健康发展。加强数据中心、云平台、工业互联网等新型基础能力和平台设施建设，推动"建平台"和"用平台"双向迭代、互促共进。坚持鼓励创新和审慎包容原则，探索和创新适应新业态特点、有利于公平竞争的管理方式，形成有利于发展的适应性监管体系。四是鼓励企业在适当的情况下兼并重组，防止低水平重复建设。坚持市场化原则，完善制度和配套措施，使企业真正成为兼并重组的主体。加强政策引导，鼓励运用信托计划、委托贷款、直接融资等方式扩大兼并重组资金来源，同时强化政策支持，建立产业政策和竞争政策协同促进战略性新兴产业发展的机制，完善产业、财税、金融、土地、投资等政策协同配合，为战略性新兴产业高质量发展提供支撑。

最后，谋划扶持未来产业。保持新质生产力发展的持久动能需要未雨绸缪，立足当前，谋划长远。前瞻性布局那些尚处于孕育孵化阶段且具有高成长性、先导性、颠覆性的未来产业。一是做好产业引导。处在成长期的新兴科技的不确定性强，能否成功孵化出产业的市场风险高，企业行业的观望态度和地方政府的投资谨慎度都较为明显，这期间需要建立国家未来产业先导区，通过先导区建设多路径探索先行培育一批未来产业示范园区，再进行复制推广。二是建设未来技术研究院，加强未来技术供给。在科教资源优势突出、产业基础雄厚的地区，布局一批国家未来产业技术研究院，通过灵活的运营机制、多研究主体参与、多学科领域交叉、全流程创新组合的方式，加强前沿技术多路径探索、交叉融合和颠覆性技术供给。三是做好市场示范，推动未来技术应用成熟落地。在新技术市场不成熟、下游需求不旺盛的情况下，需要实施产业跨界融合示范工程，打造未来技术应用场景，加速形成若干未来产业。通过突出场景驱动模式，打造验证场景、试验场景、推广场景来培育未来技术的应用场景，促进技术迭代和加速产业化。

以全面深化改革开放
促进新质生产力发展[*]

回顾改革开放的发展历程，党的历届三中全会都会对我国的改革开放事业作出相关重大决策。从党的十一届三中全会开启改革开放伟大进程，到党的十二届三中全会明确提出发展社会主义有计划的商品经济，党的十三届三中全会提出深化经济体制改革特别是价格改革、企业改革，再到党的十四届三中全会主题是建立社会主义市场经济体制，党的十五届三中全会提出建设中国特色社会主义新农村，党的十六届三中全会主题是完善社会主义市场经济体制，再到党的十七届三中全会拉开新一轮农村土地制度改革的序幕。党的十八届三中全会是划时代的，部署了全面深化改革、系统整体设计推进改革，开创了我国改革开放新局面。党的十九届三中全会审议通过了《中共中央关于深化党

---

[*] 作者：黄卫平，中国人民大学世界经济研究中心主任、教授，欧盟"让·莫内讲席教授"。

改革开放以来党的历届三中全会对我国的改革开放事业作出相关重大决策

党的十一届三中全会　开启改革开放伟大进程

党的十二届三中全会　明确提出发展社会主义有计划的商品经济

党的十三届三中全会　提出深化经济体制改革特别是价格改革、企业改革

党的十四届三中全会　主题是建立社会主义市场经济体制

党的十五届三中全会　提出建设中国特色社会主义新农村

党的十六届三中全会　主题是完善社会主义市场经济体制

党的十七届三中全会　拉开新一轮农村土地制度改革的序幕

党的十八届三中全会
部署了全面深化改革、系统整体设计推进改革，开创了我国改革开放新局面

党的十九届三中全会
审议通过了《中共中央关于深化党和国家机构改革的决定》和《深化党和国家机构改革方案》，为我国开启深化党和国家机构改革定调、指方向、作部署

2024年是全面深化改革的又一个重要年份，既是党的十八届三中全会以来全面深化改革的实践续篇，也是新征程推进中国式现代化的时代新篇

和国家机构改革的决定》和《深化党和国家机构改革方案》，为我国开启深化党和国家机构改革定调、指方向、作部署。2024年是全面深化改革的又一个重要年份，既是党的十八届三中全会以来全面深化改革的实践续篇，也是新征程推进中国式现代化的时代新篇。只要坚持全面深化改革，把党中央决策部署的各项战略任务落实到位，就一定能在发展新质生产力的过程中不断取得新进展，推动我国经济高质量发展。

加快发展新质生产力

推动高质量发展、全面深化改革开放的一个重要目标是发展新质生产力，形成资源的最优组合配置，建设现代化经济体系，推进中国式现代化。2023年12月召开的中央经济工作会议明确提出："必须把推进中国式现代化作为最大的政治，在党的统一领导下，团结最广大人民，聚焦经济建设这一中心工作和高质量发展这一首要任务，把中国式现代化宏伟蓝图一步步变成美好现实。"[①] 中国式现代化是人口规模巨大的现代化、是全体人民共同富裕的现代化、是物质文明和精神文明相协调的现代化、是人与自然和谐共生的现代化、是走和平发展道路的现代化，这五个方面的中国特色深刻揭示了中国式现代化的科学内涵。我

---

① 《中央经济工作会议在北京举行》，《人民日报》2023年12月13日。

国在全面建成小康社会之后，推进中国式现代化仍面临着一些挑战：经济持续发展的根本动力如何强化；14亿多人民的美好生活需要如何更好满足；面对世界百年未有之大变局加速演进，各类"黑天鹅"和"灰犀牛"事件如何更好应对；等等。凡此种种，在前进的道路上，必须未雨绸缪。应通过全面深化改革开放，以高水平开放推动高质量发展，加快发展新质生产力。

习近平总书记明确指出："概括地说，新质生产力是创新起主导作用，摆脱传统经济增长方式、生产力发展路径，具有高科技、高效能、高质量特征，符合新发展理念的先进生产力质态。它由技术革命性突破、生产要素创新性配置、产业深度转型升级而催生，以劳动者、劳动资料、劳动对象及其优化组合的跃升为基本内涵，以全要素生产率大幅提升为核心标志，特点是创新，关键在质优，本质是先进生产力。""科技创新能够催生新产业、新模式、新动能，是发展新质生产力的核心要素。必须加强科技创新特别是原创性、颠覆性科技创新，加快实现高水平科技自立自强，打好关键核心技术攻坚战，使原创性、颠覆性科技创新成果竞相涌现，培育发展新质生产力的新动能。"[①]新质生产力的核心是人类创造物质财富和精神财富的能力，但是在新的时代背景下，其内涵、外延已经发生了深刻变化。

[①]《加快发展新质生产力 扎实推进高质量发展》，《人民日报》2024年2月2日。

首先，新质生产力代表先进生产力的演进方向，是由技术革命性突破、生产要素创新性配置、产业深度转型升级而催生的先进生产力质态。通过全面深化改革开放进一步解放生产力，有利于实现生产要素的最优配置。新质生产力的核心在于科技创新，通过颠覆性、前沿性科技创新提升产品制造能力，从而突破技术瓶颈，实现资源节约、效率提升、效益增加。高质量发展是中国式现代化的重要任务和物质基础，而当前我国高质量发展面临的主要问题是资源稀缺和技术瓶颈。突破技术瓶颈是克服资源稀缺的有效手段，通过整合科技资源进行颠覆性技术创新，能够减少资源损耗、扩大投入产出比，做大社会财富"蛋糕"，从而实现更合理的收入分配。

其次，发展新质生产力的目的是实现全体人民共同富裕。新质生产力以战略性新兴产业和未来产业为主要载体，能够通过新产品、新业态满足人民日益增长的美好生活需要，不断增进民生福祉。传统产业、传统产品能够满足人们的基本生活需要，而战略性新兴产业和未来产业的发展能够催生新产品、新业态的不断涌现，从而扩大并引领有潜能的消费。例如，数字经济、电商平台、互联网已经深刻改变了人们的生活方式、工作方式、社交方式。

再次，人才培养是新质生产力发展的基础。改革开放以来的实践已经证明，创新驱动本质上是人才驱动，人才是第一资源。培育和发展新质生产力,教育是关键。通过教育培养创新人才,能够为新质生产力发展提供持续动力。由此,应不断加强STEM(科学、技术、工程和数学)教育,使其为我国未来发展提供专业人才储备。

最后,发展新质生产力必须有与之相适应的新型生产关系。要通过深化改革、扩大开放,以制度创新、管理创新作为保障,夯实我国经济社会发展的上层建筑基础,为新质生产力发展保驾护航。要坚持中国特色社会主义道路,不断推进理论创新、制度创新、科技创新、文化创新等各方面创新,进一步完善新型生产关系,为新质生产力发展提供坚实保障。

推动实现全体人民共同富裕

推动高质量发展、全面深化改革开放的另一个重要目标是到本世纪中叶,全体人民共同富裕基本实现。习近平总书记指出:"我们的目标很宏伟,也很朴素,归根到底就是让老百姓过上更好的日子。"[1]以人民为中心是中国共产党的根本执政理念,全心全意为人民服务是中国共产党的根本宗旨,全体人民共同富裕是中国共产党矢志不渝的奋斗目标。因此可以说,人民对美好生活的向往就是我国经济社会不断发展的重要动力,实现全体人民

---

[1]《国家主席习近平发表二〇二四年新年贺词》,《人民日报》2024年1月1日。

共同富裕的过程就是我国经济社会不断发展的过程。

1953年9月25日,《人民日报》发布庆祝新中国成立四周年口号,口号的第38条号召全国农业生产互助组的组员们和合作社的社员们"团结一致,发挥集体主义精神,提高生产效率,提高粮食及其他农作物的产量,增加收入,争取共同富裕的生活"。这是在党的重要报刊中第一次出现共同富裕概念。1953年12月16日,《中共中央关于发展农业生产合作社的决议》公布,其中提出,为进一步提高农业生产力,党在农村工作中的最根本的任务是要"逐步克服工业和农业这两个经济部门发展不相适应的矛盾,并使农民能够逐步完全摆脱贫困的状况而取得共同富裕和普遍繁荣的生活"。这是在党的重要文件中首次使用"共同富裕"这一表述。毛泽东同志是共同富裕的最早倡导者和积极实践者。新中国成立初期,毛泽东同志就指出:"现在我们实行这么一种制度,这么一种计划,是可以一年一年走向更富更强的,一年一年可以看到更富更强些。而这个富,是共同的富,这个强,是共同的强,大家都有份。"[1]改革开放和社会主义建设新时期,邓小平同志多次论述共同富裕,明确指出:"共同致富,我们从改革一开始就讲,将来总有一天要成为中心课题。社会主义

---

[1]《毛泽东文集》第6卷,人民出版社1999年版,第495页。

不是少数人富起来、大多数人穷，不是那个样子。"[1]

改革开放以来，特别是党的十八大以来，我们党在前人奋斗的基础上接续奋斗，把实现共同富裕作为社会主义本质的核心内容，全面深化改革开放，坚持和发展中国特色社会主义，推动全体人民共同富裕取得巨大新成效。党的二十大报告明确指出："我们经过接续奋斗，实现了小康这个中华民族的千年梦想，我国发展站在了更高历史起点上。我们坚持精准扶贫、尽锐出战，打赢了人类历史上规模最大的脱贫攻坚战，全国八百三十二个贫困县全部摘帽，近一亿农村贫困人口实现脱贫，九百六十多万贫困人口实现易地搬迁，历史性地解决了绝对贫困问题，为全球减贫事业作出了重大贡献。"[2]回顾总结我国全面建成小康社会的发展历程，其是在中国共产党的领导下、经过几代人的接续奋斗、坚持走中国特色社会主义道路、体现社会主义本质、促进人民生活水平普遍提高，为下一阶段全面建成社会主义现代化强国奠定基础的关键阶段。

2021年8月17日，习近平总书记在中央财经委员会第十次会议上发表重要讲话指出："要深入研究不同阶段的目标，分阶段促进共同富裕：到'十四五'末，全体人民共同富裕迈出坚实步

---

[1]《邓小平文选》第3卷，人民出版社1993年版，第364页。
[2]《习近平著作选读》第1卷，人民出版社2023年版，第6—7页。

伐，居民收入和实际消费水平差距逐步缩小。到2035年，全体人民共同富裕取得更为明显的实质性进展，基本公共服务实现均等化。到本世纪中叶，全体人民共同富裕基本实现，居民收入和实际消费水平差距缩小到合理区间。"[1]为中国人民谋幸福，为中华民族谋复兴，是中国共产党人的初心和使命。因此，应以新质生产力的形成发展来满足人民日益增长的美好生活需要，增加有质量的新增财富，以社会新增量财富化解经济社会发展中的存量结构矛盾；做好新增量财富的分配，使全体人民共同富裕迈出坚实步伐。坚持深化供给侧结构性改革，坚持扩大高水平对外开放，为推动高质量发展、推进中国式现代化持续注入强大动力。

扩大高水平对外开放

促进有效市场和有为政府更好结合，持续激发和增强社会活力，推动高质量发展取得新的更大成效。在推进中国式现代化进程中，只有做到资源有效、最优配置，才能达到全要素生产率的提高，才能使发展具有可持续性，实现绿色成为普遍形态的发展。创新、协调、绿色、开放、共享的新发展理念具有深刻含义。习近平总书记将其总结为："创新发展注重的是解

---

[1] 习近平：《扎实推动共同富裕》，《求是》2021年第20期。

决发展动力问题，协调发展注重的是解决发展不平衡问题，绿色发展注重的是解决人与自然和谐问题，开放发展注重的是解决发展内外联动问题，共享发展注重的是解决社会公平正义问题。"[1]

改革开放以来，我国仅用几十年时间就走完发达国家几百年走过的工业化历程，实现了从落后时代到大踏步赶上时代、引领时代的历史性跨越，中华民族迎来了从站起来、富起来到强起来的伟大飞跃。但需要注意的是，世界主要发达经济体在过去经济快速增长过程中出现的一些问题、碰到的一些困难，我国在推进中国式现代化进程中也有可能会遇到。我们在高度关注各种周期性矛盾影响的同时，决不能任由经济结构性矛盾积累。我国具有显著的制度优势、超大规模市场的需求优势、产业体系完备的供给优势、高素质劳动力众多的人才优势，科技创新能力持续提升，新产业、新模式、新动能加快壮大，发展内生动力不断积聚，我国经济回升向好、长期向好的基本趋势没有改变，也不会改变。新征程，我国经济显著优势的进一步发挥，有待于深化供给侧结构性改革的加持。

通过深化供给侧结构性改革，扩大高水平对外开放，形成

---

[1] 习近平：《论把握新发展阶段、贯彻新发展理念、构建新发展格局》，中央文献出版社2021年版，第477页。

经济发展的"两个驱动"、夯实"一个基础"以及拓展"一个路径"。"两个驱动"中的第一个驱动是指市场驱动，通过改革落实市场在资源配置中的决定性作用，更好发挥政府作用；第二个驱动则是指新质生产力驱动，强化创新主导作用，加快优势产业焕新、新兴产业壮大、未来产业培育。"一个基础"是指"两个驱动"需要建立在诚信有序的市场基础之上，即统一开放、竞争有序的市场体系基础。应建设高效规范、公平竞争、充分开放的全国统一大市场，并以此作为配置资源、流通产出的根本。"一个路径"是指要加快构建以国内大循环为主体、国内国际双循环相互促进的新发展格局，并以此作为推进中国式现代化的重要路径。

第一，围绕经济结构变革、全要素生产率提高、要素和其他方面的结合（结构）以及经济运行的制度因素的改革将会持续深化，使我国实现创新要素的优化组合和高效配置，以新质生产力发展推进中国式现代化。经过持续推进改革开放，目前，我国拥有41个工业大类、207个工业中类、666个工业小类，形成了独立完整的现代工业体系，是全世界唯一拥有联合国产业分类中全部工业门类的国家，500种主要工业产品中有四成以上产品产量位居世界第一，生产了全球超过50%的钢铁、水泥、电解铝，60%的家电，70%的化纤、手机和计算机，是全球第一信息通信产品生产国、全球第一汽车生产大国，具有强大的制造能力和完善的配套能力。但需要注意的是，目前我国钢铁、煤炭、平板玻璃、电解铝、水泥等产能已呈现出过剩状态，继续做大产能规模的空间较小。同时，已有的生产结构与人民日益升级的需求结构之间出现了一定程度的错位，容易造成供求结构的失衡：在需求侧出现过剩与短缺并存的问题，在供给侧出现不平衡不充分的问题。如何通过深化供给侧结构性改革，扩大高水平对外开放，加快形成新质生产力，以创新引领经济结构转型、动能转换，已经成为下一阶段全面深化改革开放的重中之重。对此，应进一步明确，国有企业、民营企业、外资企业都是推进中国式现代化的重要力量，要不断完善落实改革措施，进一步解决市场准入、要素获取、物流成本、公平执法、权益保护等方面存在的问题，为企业营造公平竞争、竞相发展的良好环境。以稳定的、可预期的政策措施出台、执行，激发各类经营主体活力，为我国经济高质量发展夯实微观基础。

第二，充分发挥市场在资源配置中的决定性作用，更好发挥政府作用，营造市场化、法治化、国际化一流营商环境，推动构建高水平社会主义市场经济体制。统一开放、竞争有序，是现代市场体系的基本要求，也是经济循环畅通的根本保证。通过着力推动产权保护、市场准入、公平竞争、社会信用等方面制度规则的统一，明确土地、劳动力、资本、技术、管理、数据等要素领域改革的方向，使得生产要素能够有序流动。坚持问题导向，健全制度、创新监管、分类施策，有效避免地方保护、市场分割、招商引资不当竞争等问题，完善要素市场化配置的具体举措。通过价格机制、运行机制、分配机制的改革，实现要素价格市场决定、流动自主有序、配置高效公平。要素市场的改革要遵循循序渐进、以进促稳的基本原则，核心是夯实市场的诚信基础，并配合以财税金融等领域的改革。

第三，优化优势互补、高质量发展的区域经济布局。2013年秋，习近平主席在出访哈萨克斯坦和印度尼西亚时先后提出共建"丝绸之路经济带"和"21世纪海上丝绸之路"的重大倡议，此后我国相继推出京津冀协同发展、长江经济带发展、粤港澳大湾区建设、长三角一体化发展、黄河流域生态保护和高质量发展等重大战略，逐步形成了新的区域经济发展布局。西部主要是成渝经济区，沿长江而下形成了长江中游城市群；东部主要是长江经济带发展、长三角一体化发展，鼓励东部地区加快推进现代化；北部主要是京津冀城市群和东北老工业基地；南部主要是粤港澳大湾区与海南自贸港相向而行；中部主要是促进长江中游城市群和中原城市群发展，加强都市圈之间协调联动，更好辐射带动周边地区发展。我国区域经济发展正在逐渐形成"三大湾区"（渤海、沪杭、粤港澳）、"两大流域"（长江流域、黄河流域）、国家中心城市以及若干先行区的新格局。在创新驱动、市场驱动以及诚信市场建设的基础上，优化优势互补、高质量发展的区域经济布局，为全面建成社会主义现代化强国奠定坚实基础。

第四，坚定奉行互利共赢的开放战略，推动建设开放型世界经济。当前我国经济发展的国内国际环境已经发生了较大变化。全球贸易保护主义、单边主义抬头，逆全球化和民粹主义泛起，大宗产品价格波动，世界生产网络和供应链遭受冲击……凡此种种，都增加了我国经济运行的外部环境不确定性。因此，我们要处理好发展和安全的关系，保持战略定力，主动对接高标准国际经贸规则，稳步扩大制度型开放。通过新质生产力的发展，培育我国在国际经济合作和竞争中的新优势。在全面取消制造业领域外资准入限制措施的基础上，根据实际情况，进一步缩减优化外资准入负面清单，加大外资服务业市场准入力度，推动数据跨境流动试点，高标准落实好外资企业国民待遇。清除外资企业依法平等参与中国政府采购、招标投标、标准制定的障碍。进一步实施自由贸易试验区提升战略，推动开发区改革创新。抓好支持高质量共建"一带一路"八项行动的落实落地，与更多国家和地区商签高标准自贸协定和投资协定。总之，要以更高水平对外开放的确定性，应对外部环境的不确定性。虽然遭遇逆流，但历史发展的大势不会改变，和平发展、合作共赢才是大势所趋。面向未来，中国扩大高水平对外开放的决心不会变，中国开放的大门只会越开越大。继续提高对外开放水平，建设更高水平开放型世界经济，必将为世界各国合作共赢开拓新局面，也将为世界经济发展增强信心、注入动力。

第五，深化收入分配、社会保障、医药卫生、养老服务等社会民生领域改革，是以全面深化改革开放促进全体人民共同富裕的重要方向。党的十九大报告提出："必须多谋民生之利、多解民生之忧，在发展中补齐民生短板、促进社会公平正义，在幼有所育、学有所教、劳有所得、病有所医、老有所养、住有所居、弱有所扶上不断取得新进展。"[1]党的二十大报告强调："采取更多惠民生、暖民心举措，着力解决好人民群众急难愁盼问题，健全基本公共服务体系，提高公共服务水平，增强均衡性和可及性，扎实推进共同富裕。"[2]这是我们党践行以人民为中心的发展思想的具体体现。和谐的字面含义可以理解为："和"，即口中有禾，要丰衣足食，努力满足人民群众不断提高的物质生活需要；"谐"，即人人皆言，人人都可以为经济发展、社会进步建言献策，提出批评和建议。如此，才能在文明安定中实现可持续发展，满足人民日益增长的美好生活需要。

中国式现代化是中国共产党领导的社会主义现代化，既有各

---

[1]《习近平谈治国理政》第3卷，外文出版社2020年版，第18页。
[2]《习近平著作选读》第1卷，人民出版社2023年版，第38页。

国现代化的共同特征,更有基于自己国情的中国特色。现代化的前途是光明的,但通往现代化的道路不会是平坦的。只有坚持新发展理念,坚持深化改革开放,以全体人民共同富裕作为根本目标,久久为功,方能战胜前进道路上的各种困难和挑战。"发展新质生产力是推动高质量发展的内在要求和重要着力点,必须继续做好创新这篇大文章,推动新质生产力加快发展。"[1]发展新质生产力,既是发展命题,也是改革命题。新质生产力同战略性新兴产业、未来产业紧密关联,谋划进一步全面深化改革重大举措,将改革进行到底,为推进中国式现代化提供持久动能。

---

[1]《加快发展新质生产力 扎实推进高质量发展》,《人民日报》2024年2月2日。

新质生产力条件下
全面深化改革的基本特点*

全面深化改革是发展新质生产力的必然要求

2024年3月6日，习近平总书记在看望参加全国政协十四届二次会议的民革、科技界、环境资源界委员并参加联组会时指出，要"培育发展新质生产力的新动能"[1]，提出了社会主义现代化强国建设新征程中进一步促进新质生产力发展的新任务。新质生产力就是符合新发展理念、以创新为基本属性，具有高科技、高效能、高质量特征的先进生产力质态。发展新质生产力，是我国社会主义现代化进入新发展阶段的必然要求，是摆脱传统发展方式与传统生产力发展路径、实现高质量发展的必由之

---

* 作者：李军鹏，中央党校（国家行政学院）公共管理教研部教授、博导，公共管理教研部公共行政教研室主任。
[1] 《积极建言资政广泛凝聚共识 助力中国式现代化建设》，《人民日报》2024年3月8日。

路，也是我国建设社会主义现代化强国、实现中华民族伟大复兴的重要任务。发展新质生产力必然要求加快推动生产关系变革，通过全面深化改革构建适应新质生产力发展要求的制度体系与治理体系。

发展新质生产力，要求形成与新质生产力相适应的新型生产关系。生产力是人类物质生产实践的能力，是人类从自然界获取物质生活资料的能力。社会生产力发展是人类社会发展的根本性决定力量，是人类社会生产体系、社会结构与社会性质的决定性因素，人类的生产结构、经济结构、思想文化结构、政治结构、社会结构、治理方式与治理水平都直接或间接地受到社会生产力与物质生产方式的制约。"物质生活的生产方式制约着整个社会生活、政治生活和精神生活的过程。"[1]生产力的发展主要表现为生产方式的发展演变，生产方式演变是生产力与生产关系的矛盾运动。生产力作为生产方式中最活跃、最具有革命性的因素，决定着生产关系的发展演变，人类只有在生产力发展的特定空间与可能性范围中选择生产关系的具体形式，生产力的发展演变必然要求生产关系的相应变革。习近平总书记指出："发展新质生产力，必须进一步全面深化改革，形成与

―――――――

[1]《马克思恩格斯选集》第2卷，人民出版社1995年版，第28页。

之相适应的新型生产关系。"①

发展新质生产力，要求破除新质生产力发展面临的各种障碍，形成适应新质生产力发展的制度体系与治理体系。生产力是不以人的意志为转移的客观物质力量，生产力系统各种要素的改造、发展与进步，使得人类物质产品、精神产品与数字产品生产的可能性范围与潜能不断扩大，从而对生产关系的变革提出了新的要求，要求建构适应新兴生产力发展要求的新型生产关系。在新质生产力发展的过程中，适应传统生产力发展要求的生产关系必然会成为一种传统的、僵化的、效率低下的生产关系，这就要求对既有生产关系进行调整、改变与改革，从而创造出使新质生产力得以蓬勃发展的新型生产关系。新质生产力的发展，对传统的、僵化的生产关系必然形成严峻挑战，要求对传统的生产关系、产权关系、分配关系、消费关系、法律关系与文化关系进行深刻改革。因而，发展新质生产力，要求系统地进行所有制、科技体制、政策制定体制机制、法治、分配制度、人才体制等各方面制度与治理体系的全方位改革，从而更好地促进新质生产力的发展。

全面深化改革也是新质生产力发展的重要条件。2024年1月31日下午，习近平总书记在中共中央政治局就扎实推进高质量发

---

① 《加快发展新质生产力 扎实推进高质量发展》，《人民日报》2024年2月2日。

展进行第十一次集体学习时指出:"高质量发展需要新的生产力理论来指导,而新质生产力已经在实践中形成并展示出对高质量发展的强劲推动力、支撑力。"[①]中国特色社会主义进入新时代,我国始终坚持高质量发展的主旨,通过深化经济体制改革、科技体制改革、国际一流营商环境建设、人才体制改革,使我国的新质生产力获得了长足的发展。特别是近几年来,我国纵深推进全面改革,全面加强了全国统一大市场建设,系统清理妨碍公平竞争的政策规定,进一步完善了自由贸易试验区建设布局,深化国有企业改革,稳步促进民营企业发展壮大,出台并完善了推动新能源汽车与智能汽车发展、人工智能与量子科技发展、绿色能源发展的各项政策措施,使我国科技创新不断实现新的突破,创新驱动发展能力提升迅速,战略性新兴产业发展势头稳健,现代化产业体系建设成绩喜人,为进一步培育完善新质生产力奠定了坚实基础。根据《中华人民共和国2023年国民经济和社会发展统计公报》,2023年我国高技术制造业增加值占规模以上工业增加值比重为15.7%。其中,新能源汽车产量944.3万辆,比2022年增长30.3%,我国新能源汽车的产销量占全球比重超过60%;太阳能电池(光伏电池)产量5.4亿千瓦,增长54.0%;服务机器人产量783.3万套,增长23.3%;水电、核电、风电、太

[①]《加快发展新质生产力 扎实推进高质量发展》,《人民日报》2024年2月2日。

阳能发电等清洁能源发电量达31906亿千瓦时，其中，并网太阳能发电装机容量60949万千瓦，增长55.2%。实践证明，新时代以来我国新质生产力发展的突出成就，与全面深化改革的各项创新措施具有紧密的直接联系。

新质生产力条件下全面深化改革的基本特点与基本思路

新质生产力理论是适应高质量发展的新的指导理论，新质生产力的发展需要新的全面深化改革理论。从根本上来说，推动高质量发展、发展新质生产力要靠全面深化改革。深化新质生产力条件下的全面改革，首先应认识到新质生产力条件下全面深化改革的基本特点。新质生产力条件下，全面深化改革具有如下基本特点。一是质变先导性。全面深化改革的特点是由新质生产力发展的特征决定的。生产力的发展从实践中看体现为连续性与阶段性相统一的特征，是量变与质变的统一。从量变的角度看，生产力的具体性质体现为生产工具的稳步发展与具体劳动方式的渐进变化，是生产规模的连续扩大与劳动生产率的稳步提升。从质变的角度看，生产工具的革命性变化往往带来生产力发展的质的变化，人类生产工具从天然工具、手工工具发展到大机器生产，是人类工业生产力或第一次现代化生产力产生的质变；生产工具从大机器生产转向自动化机器、智能机器、数字工具生产，是人类现代生产力发展的第二次质的飞跃。

新质生产力条件下的全面深化改革

特点

- 质变先导性
- 系统集成性
- 延续稳定性

基本思路

1. 以构建适应新质生产力发展的现代国家治理体系为基本目标，致力于形成稳步促进新质生产力发展的中国特色社会主义制度体系

2. 以提升新质生产力发展的效率与质量为目标，进一步提升经济治理、科技治理、政府治理、环境治理的质量与水平

3. 着力解决妨碍新质生产力发展的重点、难点问题，营造适应新质生产力发展的体制、机制

对策举措

经济体制改革	科技体制改革	行政体制改革
营造新质生产力发展的市场环境	营造新质生产力发展的创新环境	营造新质生产力发展的政务环境
环保体制改革	人才体制改革	制度型对外开放
营造新质生产力发展的绿色环境	营造新质生产力发展的用人环境	营造新质生产力发展的外部环境与国际一流营商环境

新质生产力是人类现代化生产力第二次飞跃的产物，这是一种由量变引发的质变。从本质上看，新质生产力是一种质变。新质生产力的质变，必然要求全面深化改革体现出体制机制的质变，体现出质变先导性的特征。二是系统集成性。构建与新质生产力相适应的新型生产关系是一个系统工程，需要推进系统性、集成性的改革。新型生产关系的构建不仅涉及产业组织体系与管理方式的变革，还涉及交换关系、分配制度、劳动关系等方面的深刻变革，涉及经济体制改革、科技体制改革、行政体制改革、环保体制改革、用人体制改革与制度型对外开放等方方面面，必须统筹设计、一体推行。三是延续稳定性。新质生产力的发展具有延续性和稳定性，我国的全面深化改革也具有相应的连续性与稳定性。例如，我国科技投入体制的改革就具有明显的连续性。近年来，我国高度重视科技创新，科技投入特别是财政科技投入不断加大，新质生产力发展所需要的创新环境日益完善。2023年，我国全年研究与试验发展（R&D）经费支出33278亿元，与国内生产总值之比为2.64%，其中基础研究经费占R&D经费支出比重为6.65%。未来我国进一步发展新质生产力，就要继续延续促进科技创新、加大财政科技投入的政策体系，并不断加大对基础研究的财政投入。

新质生产力条件下，全面深化改革的基本思路主要包括如下方面。一是以构建适应新质生产力发展的现代国家治理体系为基本目标，致力于形成稳步促进新质生产力发展的中国特色社会主义制度体系。党的二十大报告提出了到2035年基本实现社会主义现代化的战略目标，其中，"实现高水平科技自立自强""建成现代化经济体系""基本实现新型工业化、信息化"的目标就蕴含着发展新质生产力的目标。"基本实现国家治理体系和治理能力现代化""基本建成法治国家、法治政府、法治社会""建成教育强国、科技强国、人才强国"等目标，就描述了全面深化改革各方面的目标。在新质生产力条件下全面深化改革，基本的目标就是要形成与新质生产力发展相适应的现代国家治理体系。

二是以提升新质生产力发展的效率与质量为目标，进一步提升经济治理、科技治理、政府治理、环境治理的质量与水平。新质生产力的发展实现了劳动资料、劳动对象与劳动者等要素的优化组合与质量跃升，大幅度提高了全要素生产力，这也必然要求深入推进生产关系变革，提升生产组织效率、国家机构工作效率与公务员绩效。提高国家治理的总体效能，必须从经济治理、科技治理、政府治理、环境治理等关键领域着手，着力提升行政治理的质量，提升各级党政机关公务员的工作绩效。

三是着力解决妨碍新质生产力发展的重点、难点问题，营造适应新质生产力发展的体制、机制。新质生产力发展是我国经济社会发展中的新任务，围绕新质生产力发展全面深化改革，必然会面临着许多重点、难点问题。在经济治理方面，面临着部分传统生产力领域产能过剩、新质生产力发展的金融支持不足、公平竞争环境相对缺乏、营商环境一些领域负面评价依然较突出的问题；在科技治理方面，面临着科技研发人员总数较多但人均较少、科技创新能力不强、科技基础研究的财政投入与发达国家相比依然较低、科技创新转化能力存在明显瓶颈、原始创新能力与公民科技素养相对较低等问题；在行政治理方面，面临着依法行政仍待深入推进、规范性文件制定等抽象行政权力监督不力、官僚主义形式主义仍然突出等问题；在环保治理方面，面临着生态补偿机制亟待完善、环保督察机制在部分地区空转、绿色发展的各项金融与产业支持政策缺乏、新能源发展的规模增长过快与治理能力不足的矛盾突出等问题；在用人育才方面，面临着新质生产力领域人才储备不足、传统行业领域人才储备较多但就业不足、人才引进与使用机制缺乏竞争性、人才激励机制与保障机制有待完善等问题；在对外贸易方面，面临着涉及外资外商法律体系已完备但外资外商仍感到不到位的问题、运用最高水平国际贸易规则规范对外贸易有待深入推进的问题，等等。解决这些突出问题，必须全面推进改革开放，在关键领域、关键环节、关键点位推进关键性的改革措施。

围绕发展新质生产力全面深化改革的对策与措施

培育发展新质生产力，要求针对妨碍新质生产力发展的症结与重点、难点问题，全面深化经济体制改革、科技体制改革、行政体制改革、环保体制改革、人才体制改革，深化制度型开放，培育适应新质生产力发展的市场环境、创新环境、政务环境、绿色环境、用人环境、外部环境与国际一流营商环境。

第一，深化经济体制改革，营造新质生产力发展的市场环境。深入推进全国统一大市场建设，通过统一的公平竞争制度，为各类市场主体提供一视同仁、平等对待的无歧视环境。凡是涉及财政补贴、税收优惠、政府购买、企业倾斜政策的政府规则，都应进行公平竞争审查，防止地方恶性竞争。我国产业政策的重点要逐步地转移到新能源、新材料、先进制造、电子信息等战略性新兴产业与未来产业上来，进一步加大对先进制造业的支持力度，完善先进生产力发展的产业链与技术链；深入推进数字经济与数字技术创新发展，健全数据基础制度体系；习近平总书记在黑龙江考察时强调："整合科技创新资源，引领发展战略性新兴产业和未来产业，加快形成新质生产力。"[1] 进一步完善消费支持政策特别是新能源汽车、新能源产品的财政支持措施，对原有太阳能光伏发电、风力发电补贴的历年欠费要采取发行特别绿色长期债券的方式予以解决，切实兑现政府对新能

---

[1]《牢牢把握在国家发展大局中的战略定位 奋力开创黑龙江高质量发展新局面》，《人民日报》2023年9月9日。

源发展强力支持的承诺，树立各级政府发展新质生产力的信用与权威。采取有力措施完善推动高质量发展的考核评价体系，将新质生产力发展状况作为高质量发展考核的主体与重点。

第二，深化科技体制改革，营造新质生产力发展的创新环境。邓小平同志指出："科学技术是第一生产力。"[1]科学技术在新质生产力发展中具有第一位的作用，现代生产实践是科学技术型的生产实践。发展新质生产力，就要以科技创新为抓手，不断促进生产要素的创新性配置、科学技术的革命性突破和产业体系的深度转型升级，从而厚植新质生产力发展的强劲动能。进一步完善新型举国体制，全面强化基础研究系统布局，对关键核心技术、颠覆性技术、前沿技术进行协同攻关。加快完善支持全面创新的基础制度体系，对科技评价体系、科技奖励制度、科研项目管理制度进行成果导向性改革，进一步在全部企业、研究院所普及"揭榜挂帅"机制。全面加强知识产权保护与利用，营造具有全球竞争力的创新生态体系。2023年我国公民具备科学素质的比例仅为14.14%。要进一步提升我国公民的科学素质，实施全民科学素质提升行动，推动全部科技场馆免费全天候开放，提升我国国家科普能力。

---

[1]《邓小平文选》第3卷，人民出版社1993年版，第274页。

第三,深化行政体制改革,营造新质生产力发展的政务环境。着力提高政府效能,以更大力度反对官僚主义、形式主义,树立重实干、重实绩的用人导向,以实干和实绩促进新质生产力发展。深化财税体制改革,使财政支出结构向新质生产力发展倾斜,更好地促进新质生产力发展;增加现代化产业体制建设支出,扩大中央财政产业基础再造和制造业高质量发展专项资金支持范围,加大力度落实首台(套)重大技术装备和首批次重点新材料应用保险补偿政策、研发费用税前加计扣除及科技成果转化税收减免政策;重点增加财政基础研究投入,为国家重大科技项目与科技规划提供稳定持续的资金支持。深入推进法治政府建设,在全面规范具体行政行为的基础上,把规范性文件制定纳入行政监督、行政诉讼与司法诉讼范围,切实把好规范性文件的政策一致性审查关、合法性审查关、公平竞争审查关,防止因为政策冲突、政府剧烈转向、政策侵害企业合法权益而导致的生产力发展损失。

第四,深化环保体制改革,营造新质生产力发展的绿色环境。新质生产力不仅具有高科技与高质量特征,同时还具有绿色低碳发展的特征。要促进新质生产力发展,就要改革完善生态文明制度体系,完善生态保护补偿制度、生态产品价值实现机制;要进一步完善生态环境督察制度,不断完善绿色低碳产业发展的财税制度与金融支持制度,健全绿色低碳产品政府采购需求标准体系，建立健全与"双碳"目标相适应的财税政策体系，持续研发推广绿色低碳科技。

第五，深化人才体制改革，营造新质生产力发展的用人环境。随着人类社会向智能社会的发展，新质生产力的不断呈现与进步，劳动者能力中的智力因素、科学素养因素所占的比重不断增加，人才成为生产力发展的重要推动性力量。建议总结中关村人才高地建设经验，全面推进高水平人才高地建设，完善海外人才集聚平台，实施更加开放的人才政策。以国家战略人才开发为重点，以新质生产力领域人才培育为骨干，完善国家拔尖人才培养机制，形成规模宏大的一流科技领军人才队伍和创新团队、高技能人才和卓越工程师队伍。建立完善以创新能力、创新绩效为核心的人才评价、奖励体系，构建具有国际竞争力的人才制度体系。

第六，深化制度型对外开放，营造新质生产力发展的外部环境与国际一流营商环境。持续改善国际营商环境，建立基于科学民主决策体系的常态化政企沟通交流机制，面向国有企业、民营企业和外资企业建立定期"决策意见征求与政策实施反馈圆桌会议"制度。优化外贸结构，进一步升级吸引外资政策，着眼于扩大优质产品进口，进一步降低先进技术设备和资源品进口关税。全面实施自由贸易试验区提升战略，重点试验促进新质生产力发展的各项先行制度措施，在试点成功的基础上及时总结经验向全国推广。

加快形成新质生产力的着力点[*]

2023年9月，习近平总书记在黑龙江省哈尔滨市主持召开新时代推动东北全面振兴座谈会时指出："积极培育新能源、新材料、先进制造、电子信息等战略性新兴产业，积极培育未来产业，加快形成新质生产力，增强发展新动能。"[①]有别于传统生产力，新质生产力是经济新常态出现的生产力新质态，由"高素质"劳动者、"新质料"生产资料构成，以科技创新为内核、以高质量发展为旨归，适应新时代、新经济、新产业，为高品质生活服务的新型生产力。[②]当今世界正处于百年未有之大变局，新一轮科技革命和产业变革与中国加快转变经济发展方式形成历史性交汇，加快形成新质生产力、抢占发展制高点、形成发展新动能、培育竞争新优势，是破解社会经济发展难题，推进经济高质量发展的必然之举。

---

[*] 作者：蒲清平，重庆大学马克思主义学院教授、博士生导师。
[①]《牢牢把握东北的重要使命 奋力谱写东北全面振兴新篇章》，《人民日报》2023年9月10日。
[②] 蒲清平、黄媛媛：《习近平总书记关于新质生产力重要论述的生成逻辑、理论创新与时代价值》，《西南大学学报（社会科学版）》2023年第6期。

发挥政府主导作用，优化完善顶层设计

处理好政府和市场的关系。实践证明，处理好政府和市场的关系是形成先进生产力的关键。政府通过制定政策、出台法规，引导生产力发展。市场通过价格、供需、竞争机制，激发创新活力，促进科技成果转化和产业化。一方面，发挥有为政府作用，引领重大科技攻关。政府需要引导支撑基础性、关键性技术的研发攻关，加大科技研发、人才培养投入力度，通过财政和税收支持，协同产业链上下游企业创新发展。另一方面，发挥有效市场作用，促进科技成果向现实生产力转化。充分发挥市场的资源配置优势，支持建设政企联合平台，组建企业创新联合体，加快科技成果转化落地，最终形成有为政府和有效市场相互配合的良好局面。

处理好生产力与生产关系的关系。加快形成新质生产力需要处理好体制机制改革问题。全面深化改革，就是要不断调整生产关系以适应和引领先进生产力的发展。推进供给侧结构性改革，减少无效和低端供给，扩大有效和中高端供给，增强供给结构对需求变化的适应性和灵活性，提高全要素生产率。优化完善体制机制，提升组织能力、完善联动机制、优化市场准入规则，充分释放市场活力。

健全新型举国体制。新型举国体制的优势在于统筹资源，

集中力量办大事。进入新发展阶段,需要从大国博弈、经济社会发展、人民对美好生活的向往出发,继续完善党中央对科技工作统一领导的体制,充分发挥中国特色社会主义制度优势,坚持高效决策、统一指挥、形成合力,大幅提升国家科技攻关体系化能力,在重要战略性领域形成竞争新优势。充分发挥党和国家强有力的统筹协调和组织动员能力,以重大创新项目带动技术创新,以龙头企业引领产业集群,形成政府部门、重点企业、科研院所协同攻关的发展模式,推动形成新质生产力。

加大政策支持力度。新质生产力的形成,需要科学有效的政策支持。加强系统谋划,加快出台支持未来产业发展的指导性文件。贯彻落实《新产业标准化领航工程实施方案（2023—2035年）》,组织开展新兴产业、未来产业创新任务"揭榜挂帅"工作。着眼关键领域,适时出台重点领域的专项发展规划,鼓励先进地区充分发挥区位优势先行先试,进而以一域带全局,形成创新策源、产业承载、资源保障的多层次空间格局。地方政府需要抓住未来产业发展的战略机遇期,出台相关政策。

贯穿创新主线任务,实现科技自立自强

创新是引领发展的第一动力,也是加快形成新质生产力的关键。近年来,我国科技创新投入持续加大。2022年全年研究与试验发展（R&D）经费支出比上年增长10.4%，与国内生产总值之比为2.55%。科技创新对产业发展的支撑力度逐渐增强，为加快形成新质生产力奠定了坚实基础。

精准布局创新链，发挥创新链对产业链的支撑作用。一是在创新领域，围绕产业链布局重点、供应链安全堵点精准布局，加快建设一批研发应用中心，让创新链与产业链深度融合，解决科研与经济发展脱节问题。二是在创新方式上，继续加快推进原始创新、集成创新。着力探索前沿领域、未来领域，以国家战略需求为导向，集聚力量进行原创性引领性科技攻关，抢占优先权和制高点。加强技术体系、创新体系和创新生态建设，精心组织跨学科和跨产业集成，实现单元技术、关键技术的集成和关键领域的突破，提升集成创新水平。三是在创新主体上，激发企业创新的主动性，加速科研成果转化，形成新兴产业"策源地"。围绕科研创新链，融合技术创新链，充分调动企业协同创新。政府和企业、社会还需要注重制度创新、管理创新，为形成新质生产力营造创新生态。

以科技创新引领实现高水平科技自立自强。一是坚持久久为功，加强基础研究。进一步优化基础学科建设布局，支持重点学科、新兴学科发展，推进学科交叉融合，以学科体系支撑研究体系。健全国家实验室体系，深化高校科研院所、科研机构、尖端企业之间的科研合作，加快建设跨学科、大协作、高强度的协同创新平台。建立完善竞争性项目支持和稳定性机构支持相结合的基础研究投入机制。二是抓住主要矛盾，做好"集中攻关"。坚持面向世界科技前沿、面向经济主战场、面向国家重大需求、面向人民生命健康，科学统筹、集中力量、协同攻关。既要拓展先进领域科技研发的广度，又要拓展科学技术研发的深度，在基础材料、关键元器件等关键技术领域突破"卡脖子"问题。三是把握战略机遇，实现"变道超车"。深入实施创新驱动发展战略，积极培育数字技术、人工智能等颠覆性技术创新，围绕具有先发优势的潜在关键技术和引领未来产业的前沿技术，及早布局，抢占发展制高点、培育竞争新优势。

加快实现科技成果向现实生产力转化。创新必须落实到创造新的增长点上，把创新成果变成产业活动。科技成果需要完成从科学研究、实验开发到推广应用的"三级跳"，才能真正实现创新驱动发展，从而形成新质生产力。强化企业创新主体作用，鼓励企业推进科技创新和科技成果转化，塑造更多发展新动能、新优势。支持企业与高校科研院所共建实验室和中试基地，采用政府搭建、民营兴建、企业自建、闲置改建等模式打造一批高能级的中试机构，为中小企业提供实验技术的二次开发和中试熟化等研发设计外包服务及中试验证服务。以企业为主体建设企业重点实验室、企业研究院、企业技术中心等研发机构。加快布局一批企业技术中心，将技术研发、成果扩散、产品商业化、产业化串珠成链，打通实验室产品与产业化之间的"梗阻"，让各种要素、平台、主体相互协同、相互支撑，把科技创新的策源、转化、服务融为一体，形成成果转化全链条。

释放产业载体动能，推进产业转型升级

新质生产力的载体是现代产业。近年来我国持续加大对重大科技项目的投入力度，将自主可控关键核心技术应用到产业链中，创新的产业孵化能力持续增强。根据国家统计局公布的数据，2022年，我国有国家级科技企业孵化器1425家，国家备案众创空间2441家。一大批新兴产业、未来产业成为新质生产力成长的主阵地。

首先，推进传统产业转型升级。新质生产力形成的过程，也是主导产业、支柱产业迭代升级的过程。一方面，推进产业高端化、智能化、绿色化发展。在产业高端化方面，既要抓基础元器件、基础零部件等基础工业，又要抓大飞机、工业母机、医疗装备等重点领域高端装备。在智能化方面，大力推进人工智能技术在传统产业领域的融合，推进人工智能与生产设备和控制系统的融合，实现生产控制和运营优化的智能化变革。在绿色化方面，加快实现绿色低碳技术重大突破，实施传统产业焕新工程，推进传统产业制造工艺革

加快形成新质生产力的着力点

- **发挥政府主导作用** → 优化完善顶层设计
  - 处理好政府和市场的关系
  - 处理好生产力与生产关系的关系
  - 健全新型举国体制
  - 加大政策支持力度

- **贯穿创新主线任务** → 实现科技自立自强
  - 精准布局创新链，发挥创新链对产业链的支撑作用
  - 以科技创新引领实现高水平科技自立自强
  - 加快实现科技成果向现实生产力转化

- **释放产业载体动能** → 推进产业转型升级
  - 推进传统产业转型升级
  - 重点培育战略性新兴产业和未来产业
  - 建立高质量现代化产业体系

- **整合人才主体资源** → 推动人力资本跃升
  - 着力人才自主培养，做好科教兴国战略基础性工作
  - 优化人才结构、空间布局
  - 完善人才评价、考核制度
  - 积极培育高质量技能劳动者

- **积极参与国际科技创新** → 加强对外开放合作
  - 不断完善开放创新机制
  - 促进开放创新资源双向流动
  - 参与全球开放治理体系

新和设备改造。另一方面，延伸新兴产业衍生的产业链，提升产业附加值，带动传统产业升级改造。不断拓展新兴产业的广度和深度，以新兴产业和未来产业带动传统产业改造升级。推进传统产业和新兴产业良性互动，推动产业上下游互联互通，实现传统产业更新换代，带动产业结构与形态梯次升级。

其次，重点培育战略性新兴产业和未来产业。一是明确发展方向。聚焦新一代信息技术、生物技术、新能源、新材料、高端装备、新能源汽车、绿色环保以及航空航天、海洋装备等战略性新兴产业，培育壮大产业发展新动能；在类脑智能、量子信息、基因技术、未来网络、深海空天开发、氢能与储能等前沿科技和产业变革领域，谋划布局一批未来产业。二是实现融合发展。新兴产业、未来产业相互关联，形成一批颠覆性技术和重大原创成果、培育一批行业领军企业，进而形成若干全球领先的新兴未来产业集群。三是营造良好的市场环境。加大对知识产权的保护和监管，建立自主知识产权创新激励机制，激发市场主体创新活力，破除阻碍新兴产业发展壮大的体制机制障碍，营造良好产业发展环境。四是积极开展前瞻性产业空间布局，推动地方产业规划与国家整体战略规划相结合，重点部署产业集聚，实现城市群协同发展，提升整体产业发展效能。

最后,建立高质量现代化产业体系。一是推进新型工业化,实施产业基础再造工程和重大技术装备攻关工程,支持专精特新企业发展。二是发展壮大新兴产业集群,紧紧围绕战略性新兴产业的重点领域,对标国际领先水平,打造一批具有国际先进水平的战略性新兴产业集群。促进数字经济和实体经济深度融合,打造具有国际竞争力的数字产业集群。三是加快建设高效顺畅的流通体系,优化基础设施布局、结构、功能和系统集成,构建现代化基础设施体系。总之,要推动三次产业跨界融合,打造具有核心竞争力的优势产业集群,加快构建高质量现代化产业体系,整体提升国家科技水平和产业能级,在现代化产业体系构建过程中形成新质生产力。

整合人才主体资源,推动人力资本跃升

人才是形成新质生产力最活跃、最具决定意义的能动主体。新时代,我国劳动力素质显著提升,高层次人才、职业技术人才队伍不断壮大,为生产力从量到质的飞跃提供了坚实基础。2022年6月,中国科协创新战略研究院发布的《中国科技人力资源发展研究报告(2020)》显示,截至2020年年底,我国科技人力资源已达11234.1万人(不考虑出国留学未归、"专升本"等因素);截至2019年年底,我国大专学历以上科技人员占比超90%。要抓住我国人力资源由量转质的发展特征,进一步整合人力资源,

推动人力资本跃升，为加快形成新质生产力提供基础性、战略性支撑。

首先，着力人才自主培养，做好科教兴国战略基础性工作。发挥我国高等教育在人才培养中的引领作用，把教育优势与产业优势相结合，根据产业需要动态调整学科专业设置，优化人才培养体系，推进科教融合和产教融合。加强创新创业教育，优化创新创业人才培养机制和培养模式。推进高等教育开放交流合作，吸收国际先进有效的办学治学理念，充分吸收和利用世界一流教育资源。

其次，优化人才结构、空间布局。一方面，优化人才结构，前瞻性谋划"人才地图"。针对人才类别和特长，选拔培养一批战略帅才、产业英才、青年俊才和制造匠才。打造从战略科学家、一流科技领军人才和创新团队，到能工巧匠、大国工匠的各类互补性人才体系。另一方面，优化人力布局，科学使用人才资源。推动人力资本在空间区域上均衡分布，调整和改善劳动力在地理空间、产业结构等方面的分布格局，使其更加合理、均衡。地方政府需要制定人才发展规划，加快布局人工智能产业复合型人才、生物医药高端型人才、"双碳"行业专业型人才。

再次，完善人才评价、考核制度。一是在人才评价方面大胆探索，"不拘一格降人才"。鼓励、引导广大科技人员敢于提出新理论、开辟新领域、探索新问题。构建更加包容的科研管理机制和创新文化生态，保障科研人员顺利度过基础理论从提出到落地的"空窗期"，以及原始创新从"从0到1"突破的"冷板凳期"。二是建立科技创新激励机制和荣誉体系，加大对承担前瞻性、战略性、基础性等重点研发任务的科技人才的激励力度，加大对优秀科研人才和重大科研成果的表彰宣传力度，使科研人才收获物质和精神双重激励。系统完善人才引、育、用、留、评全过程的保障政策，营造人才长得成、引得进、用得好、留得住的良好环境，推动若干地区建成世界人才枢纽和发展高地。

最后，积极培育高质量技能劳动者。一是提升劳动者知识素质。新质生产力是知识密集型生产力。持续追踪国内外各专业、各领域、各行业、各产业的前沿知识及新兴技术，及时组织培训活动，更新培训内容，促使劳动者与时俱进地刷新知识体系与技能体系。二是提升劳动者创新能力。引入创新容错纠错机制，宽容探索性失误，激发劳动者创新创造的积极性。三是培育劳动者协作精神。营造鼓励集思广益、崇尚群策群力的协作环境，搭建主体多元、沟通顺畅、安全可靠的协作平台，完善以项目牵引团队建设、以团队保障集智攻关的协作机制，促使劳动者培育协作意识，进而在信息共享、知识扩散、技能倍增、优势互补中发挥与强化协同功能，促进新质生产力的跃升。

积极参与国际科技创新，加强对外开放合作

首先，不断完善开放创新机制。一是深化创新对话机制，加强与主要国家、重要国际组织和多边机制围绕研发合作、创新政策、技术标准、知识产权跨国并购等深度沟通，围绕政策制定、科技合作和技术交流平台、重大国际研发任务等内容开展对话合作。二是深化政府间科技合作机制，推进与发达国家建立创新战略伙伴关系，与周边国家打造互利合作的创新共同体，实施发展中国家科技伙伴计划和金砖国家科技创新框架计划，推动在科技资源共享、科技政策规划与咨询等方面的合作，打造新型科技伙伴关系。三是深化产业界深度参与机制。深度参与全球产业分工，找准我国企业在全球产业链的定位及与他国产业的连接链，向上下游同步拓展技术转移与产业对接的合作空间，争取全球产业布局的主导权。

其次，促进开放创新资源双向流动。一是依托"一带一路"等国际合作平台，组织开展未来产业领域的产业平台共建、应用市场互通等工作，强化国内外产业链、供应链、创新链的互动。二是提升企业发展的国际化水平，鼓励有实力的企业开展国际科技创新合作，支持国内企业在国外设立研发机构、参与国际标准制定，积极开拓国际市场，深度融入全球产业链、价值链、供应链和创新链。三是鼓励外商投资新兴产业，在国内设立科研

合作平台。支持国内高端智库、领军企业和科研院所同世界先进科研、产业平台对接合作，建设高层次联合研究中心，组建国际产业创新联盟。四是深化科技人员国际交流，优化国际合作平台的集群建设，开展国际培训、人才培养和信息服务，建立以国际科技成果与创新合作成果为导向的评估资助机制，吸引海外杰出人才来华工作、交流。

最后，参与全球开放治理体系。一是积极参与重大国际科技合作规则制定，主动设置全球性议题，提升对国际科技创新的影响力和制度性话语权。二是优化驻外科技机构和科技外交官的全球布局，支持和推荐更多的科学家等优秀人才到国际科技组织交流和任职，同时，争取和吸引国际组织在我国落户，鼓励设立新的国际组织，发挥民间交流在促进国际科技创新合作中的作用。以更加开放的胸怀、更加主动的姿态适应与融入全球创新生态，在更高起点和更高水平上实现科技自立自强，融入全球科技革命浪潮，助力加快形成新质生产力。

加快培育和形成新质生产力的主要方向与制度保障*

习近平总书记在中共中央政治局第十一次集体学习时强调，新质生产力"由技术革命性突破、生产要素创新性配置、产业深度转型升级而催生，以劳动者、劳动资料、劳动对象及其优化组合的跃升为基本内涵，以全要素生产率大幅提升为核心标志"[1]。从顶层思维与底层逻辑、理论前沿与鲜活实践、世界大势与现实国情等角度看，新质生产力以科技创新为主导，具有信息化、网络化、数字化、智能化、自动化、绿色化、高效化等特征。新质生产力的特点是创新，关键在质优，本质是先进生产力。新质生产力这一重要论断，是对马克思主义生产力理论的创新和发展，进一步丰富了习近平经济思想的内涵，具有重要的理论意义和深刻的实践意义。

---

* 作者：宋葛龙，中国宏观经济研究院（国家发展和改革委员会宏观经济研究院）副院长、研究员。
[1]《牢牢把握在国家发展大局中的战略定位 奋力开创黑龙江高质量发展新局面》，《人民日报》2023年9月9日。

加快培育和形成新质生产力的主要方向

从产业层面看,加快培育新质生产力,要巩固壮大战略性新兴产业,布局建设未来产业,改造提升传统产业。

首先,加快培育壮大战略性新兴产业。战略性新兴产业是以重大技术突破和重大发展需求为基础,对经济社会全局和长远发展具有重大引领带动作用的产业,具有知识技术密集、物质资源消耗低、成长潜力大、综合效益好等特征,也是生成和发展以科技创新为核心、符合高质量发展要求的新质生产力的主阵地。

国家统计局发布的《战略性新兴产业分类(2018)》明确了战略性新兴产业的主要范围,包括新一代信息技术产业、高端装备制造产业、新材料产业、生物产业、新能源汽车产业、新能源产业、节能环保产业、数字创意产业、相关服务业等9大领域。《中华人民共和国国民经济和社会发展第十四个五年规划和2035年远景目标纲要》(以下简称《纲要》)指出:"聚焦新一代信息技术、生物技术、新能源、新材料、高端装备、新能源汽车、绿色环保以及航空航天、海洋装备等战略性新兴产业,加快关键核心技术创新应用,增强要素保障能力,培育壮大产业发展新动能。"[1] 党的

---

[1] 全国人民代表大会常务委员会办公厅编:《中华人民共和国第十三届全国人民代表大会第四次会议文件汇编》,人民出版社2021年版,第65页。

二十大报告对建设现代化产业体系作出部署，进一步指出："推动战略性新兴产业融合集群发展，构建新一代信息技术、人工智能、生物技术、新能源、新材料、高端装备、绿色环保等一批新的增长引擎。"①

"十四五"以来，战略性新兴产业在产业链、创新链、人才链、资金链方面不断融合创新，"四链融合"逐步成为战略性新兴产业实现高质量发展的主引擎，为战略性新兴产业加速形成新质生产力、开辟发展新领域新赛道、不断塑造发展新动能提供了新的思路和路径选择。

在产业链发展方面，重点优势产业链发展成效显著，新一代信息技术、生物技术、高端装备制造等领域产业链发展优势得到巩固。2023年1—11月，我国规模以上电子信息制造业增加值同比增长2.6%。② 2022世界显示产业大会发布的《中国新型显示产业发展现状与趋势洞察》报告显示，我国显示面板年产能已经达到2亿平方米，占全球的60%左右。2023年上半年中国工业机器人产量22.21万台，同比增长5.4%。新能源、新能源汽车、人工智能等领域形成了一批极具竞争力的新兴产业链，为我国战略性新兴产业以及整体经济注入了强劲活力。2022年我国

---

① 《习近平著作选读》第1卷，人民出版社2023年版，第25页。
② 《2023年1—11月份电子信息制造业运行情况》，工业和信息化部网站2023年12月29日。

光伏、风能累计装机量分别达392.6GW和365.4GW,占全国累计发电装机容量的15.3%和14.3%,比重分别较2020年提升3.8个和1.5个百分点。2023年我国新能源汽车产销均超900万辆,连续9年居世界第一。新能源汽车、太阳能蓄电池、汽车用锂离子动力电池等"新三样"相关产品产量比上年分别增长30.3%、54.0%、22.8%;以电动载人汽车、太阳能蓄电池、锂离子蓄电池为代表的"新三样"产品出口额首次突破万亿元大关,同比增长29.9%。[①]2022年我国人工智能核心产业规模达5080亿元,新算法、新模型、新范式不断涌现,已有超过400所学校开办人工智能专业,人工智能领域高端人才数量位居全球第二。

在创新链发展方面,从研发强度看,2022年我国战略性新兴产业上市公司研发投入强度达到8.5%,是全社会总体水平的3倍以上。在集成电路领域,复旦大学将新型二维原子晶体引入传统硅基芯片制造,成功实现CFET(互补场效应晶体管)技术突破,有望帮助国产芯片摆脱EUV(极紫外光刻)工艺的依赖。在量子信息领域,我国实现了全球范围内卫星量子密钥分发,"九章二号"和"祖冲之二号"的成功研制使我国成为唯一在两个物理体系中实现量子计算优越性的国家。在生物技术领域,我国自主产权的精准基因编辑技术(碱基编辑系统)问世,有望打破

---

① 《2023年"新三样"出口首破万亿元大关》,海关总署网站2024年1月15日。

国外相关底层专利垄断。在我国国内高价值发明专利拥有量中，属于战略性新兴产业的有效发明专利达到95.2万件，同比增长18.7%，占比71.9%，产业创新发展动能持续增强。

在人才链发展方面，目前，我国科技人力资源数量居世界第一，高技能人才超过6000万人，占技能劳动者的30%。其中，研发人员全时当量由2012年的324.7万人年提高到2022年的635.4万人年，稳居世界首位。①另据测算，我国数字经济领域的就业岗位已经接近2亿人，占总就业人口的1/4。在人力资源和社会保障部发布的《中华人民共和国职业分类大典（2022年版）》中净增158个新职业，其中97个为数字经济职业。

在资金链发展方面，通过全面实行股票发行注册制、创业板改革、设立北交所等系列举措，有效拓宽了战略性新兴产业领域成长型企业的融资渠道，科技、产业、金融良性循环格局加速形成。2021—2022年，战略性新兴产业领域A股IPO上市公司达到174家，共募资1638.3亿元，分别占同期A股IPO上市公司的18.4%和14.5%。从地方政府看，2022年11月，上海市发布《上海市战略性新兴产业发展专项资金管理办法》，旨在进一步培育和发展上海市战略性新兴产业，发挥财政资金的支持和引导作用。

---

① 《我国研发人员全时当量稳居世界首位》，《人民日报》2023年12月31日。

加快培育和形成新质生产力的主要方向与制度保障

主要方向

- 加快培育壮大战略性新兴产业
- 开辟未来产业发展新赛道
- 改造提升传统产业

制度保障

1. 坚持教育发展、科技创新、人才培养一体推进
2. 加快完善新型举国体制，掌握创新发展主动权
3. 夯实企业科技创新主体地位，切实推动产学研深度融合
4. 优化民营企业发展环境，促进民营经济发展壮大
5. 激发、保护企业家精神，营造依法保护企业家合法权益的法治环境
6. 加快建设全国统一大市场，发挥超大规模市场优势
7. 不断优化营商环境，更好服务市场主体
8. 扩大高水平对外开放，形成具有全球竞争力的开放创新生态

近年来，我国战略性新兴产业规模持续提升、新增长点不断涌现、竞争实力不断增强，战略性新兴产业增加值增速明显高于规模以上工业增加值增速。战略性新兴产业作为培育壮大新增长点、加快新旧动能转换、构建新发展格局的重要动力，将继续推动产业转型升级和经济高质量发展。

其次，开辟未来产业发展新赛道。《纲要》指出，在类脑智能、量子信息、基因技术、未来网络、深海空天开发、氢能与储能等前沿科技和产业变革领域，组织实施未来产业孵化与加速计划，谋划布局一批未来产业。

未来产业代表着科技和产业的发展方向，科技含量高、绿色发展足、产业关联强、市场空间大，是创新技术与多领域深度融合的产业。但并非所有尚处于萌芽状态的前沿产业都是未来产业，真正的未来产业是已初步具备未来技术发展趋势和一定市场规模的产业。近年来，北京、上海、深圳、浙江等地先后针对未来产业发布相关行动计划，如《北京市"十四五"时期国际科技创新中心建设规划》《深圳市培育发展未来产业行动计划（2022—2025年）》《上海打造未来产业创新高地发展壮大未来产业集群行动方案》《浙江省人民政府办公厅关于培育发展未来产业的指导意见》，将元宇宙、脑机接口、量子信息、人形机器人、生成式人工智能、生物制造、下一代互联网、第六代移动通信、未来显示、新型储能、深海空天开发等新科技变革领域，作为未来产业的发展重点。2024年年初,工业和信息化部等七部门联合印发《关于推动未来产业创新发展的实施意见》,提出要重点推进未来制造、未来信息、未来材料、未来能源、未来空间和未来健康六大方向产业发展。[①]

发展未来产业要有世界眼光。2013年5月,美国麦肯锡公司发布《展望2025:决定未来经济的12大颠覆技术》,列举了2025年将对经济产生重大影响的12大颠覆技术:移动互联网、知识工作自动化、物联网、云、先进机器人、自动汽车、下一代基因组学、储能技术、3D打印、先进油气勘探及开采、先进材料、可再生能源。这些技术有的已经形成,有的正在形成,有的已经或者正在改变我们的生产生活。2023年6月,美国国家量子计划咨询委员会发布《更新国家量子计划:维持美国在量子信息科学领域的领导地位建议》,首次对国家量子计划(NQI)项目进行了独立评估,为美国政府更新国家量子计划法案、强化美国量子信息科技研究活动等提供参考,以更好地推进NQI项目。2023年2月,德国出台《未来研究与创新战略》,其总体目标包括:加强从研究到应用的转化,实现基础理论研究与实际应用相结合;对新技术保持开放,汲取相关成功经验应对全球竞争和气候变化,

---

[①]《工业和信息化部等七部门关于推动未来产业创新发展的实施意见》,中国政府网2024年1月18日。

并成功实现经济现代化。2022年OpenAI公司的对话式通用人工智能应用ChatGPT成功问世并在全球流行，AIGC（生成式人工智能）进入高速发展阶段。据《2023中国AIGC行业发展研究报告》推测，2028年我国AIGC市场规模将达到2767.4亿元，2023—2028年复合增长率有望超过100%。可以说，只有充满国际眼光和世界胸襟的人，才能更好地创造未来。

发展未来产业要有颠覆性技术、前瞻性技术。必须加强科技创新特别是原创性、颠覆性科技创新，使原创性、颠覆性科技创新成果竞相涌现，培育发展新质生产力的新动能。人工智能、新能源、高性能材料、生命科学等领域重大问题受到关注。2023年6月26日，世界经济论坛发布《2023年十大新兴技术报告》，评选出目前最有潜力、对世界产生积极影响的十大技术，主要包括柔性电池、生成式人工智能、可持续航空燃料、工程噬菌体、改善心理健康的元宇宙、可穿戴植物传感器、空间组学、柔性神经电子学、可持续计算、人工智能辅助医疗。2023年10月22日，在第25届中国科协年会主论坛上，中国科协发布2023重大科学问题（如何实现低能耗人工智能等10个）、工程技术难题（如何实现在原子、电子本征尺度上的微观动力学实时、实空间成像等9个）和产业技术问题（如何突破碳纤维复合材料在我国未来超高速轨道交通车辆装备的应用等10个）。人工智能主要包括基础层和应用层两方面，基础层是人工智能产业的基础，主要分为硬件设施、软件和数据的技术支持,其目的是为人工智能提供数据和算力支撑;应用层主要包括自动驾驶、智能制造、智慧金融、智慧安防等领域。从全球产业链来看,美国在算力芯片、核心算法模型等"根技术"方面具有核心力量,积累了一大批如英伟达、谷歌、亚马逊、微软等科技巨头。我国人工智能在图像识别、语音识别等领域的算法、应用与美国接轨,在大模型领域也与美国接近,但是支撑人工智能算法和应用的算力,尤其是大模型对于算力的大量需求,还较为依赖美国英伟达提供的GPU(图形处理器)芯片。

最后,改造提升传统产业。从一定意义上讲,传统产业只要有广泛的市场需求,都不能被简单视为低端产业或者落后产业。任何传统产业,一经科技赋能,都能够升链转化为现代产业。要坚持推动传统产业转型升级,不能将其视为低端产业进行简单退出。新质生产力是推动新旧动能转换、实现发展方式转变、引领高质量发展的关键动力。要依托资源要素禀赋、区位优势和产业基础,加快传统产业改造、转型、升级,推进产业智能化、绿色化、高端化发展。要以数字赋能、高端引领做强传统产业,切实发挥数据要素的赋能作用,推进全要素数字化转型,实现工业互联网与消费互联网有机融合,推动技术和产业变革朝着数字化、网络化、智能化方向加速演进。[1]

---

[1] 杨蕙馨、焦勇:《理解新质生产力的内涵》,《经济日报》2023年12月22日。

深化改革，为加快培育形成新质生产力提供体制机制保障

改革是为发展服务的。改革的目的，就是坚决破除各方面体制机制弊端，使生产关系适应生产力发展要求，解放和发展社会生产力、解放和增强社会活力。发展新质生产力，必须进一步全面深化改革，形成与之相适应的新型生产关系。

第一，坚持教育发展、科技创新、人才培养一体推进。习近平总书记指出："当今时代，人才是第一资源，科技是第一生产力，创新是第一动力，建设教育强国、科技强国、人才强国具有内在一致性和相互支撑性，要把三者有机结合起来、一体统筹推进，形成推动高质量发展的倍增效应。"[1] 畅通教育、科技、人才的良性循环，要进一步加强科学教育、工程教育，加强拔尖创新人才自主培养，为解决我国关键核心技术"卡脖子"问题提供人才支撑。探索"学校+重大科技基础设施""学校+大型科研院所""学校+龙头企业"模式，开展"新理科""新工科""新医科"建设，实施优秀科技创新人才培养专项方案，面向未来产业培养拔尖创新人才。建立人才跟踪培养机制，长期稳定支持一批取得突出成绩且具有明显创新潜力的青年人才。科技创新能够催生新产业、新模式、新动能，是发展新质生产

---

[1] 习近平：《扎实推动教育强国建设》，《求是》2023年第18期。

力的核心要素。要以体制创新为关键措施，建立以创新价值、能力、贡献为导向，有利于科技人才潜心研究、专注创新的评价体系和收入分配机制，释放科研人才创造力和创新力。进一步弘扬科学家精神，激励广大科学家和科技工作者坚持"四个面向"，把握世界科技前沿发展趋势，大力开展基础研究与应用基础研究，开展以产业需求为导向的科学问题研究，加强基础学科之间、基础科学与前沿技术的交叉融合，为产业发展提供源头供给，提升从"0到1"的原始创新能力，积极抢占科技竞争和未来发展制高点。

第二，加快完善新型举国体制，掌握创新发展主动权。新型举国体制是在原有举国体制基础上的继承与创新，既能够发挥社会主义制度集中力量办大事的显著优势，强化党和国家对重大科技创新的领导，又能够充分发挥市场机制作用，激发全社会创新创造活力，围绕国家战略需求优化配置创新资源。新型举国体制的两个关键是有为政府和有效市场。健全关键核心技术攻关新型举国体制，需要构建有利于创新发展的市场竞争环境、产权制度、投融资体制、分配制度和人才培养引进使用机制，形成有利于激发全社会创造力的体制，培育有利于创新资源高效配置和创新潜能充分释放的社会环境。要通过制度和政策引导，把政府、市场、社会有机结合起来，科学统筹、集中力量、优化机制、协同攻关。通过健全新型举国体制，完善科技创新全链条，强化国家战略科技力量，大幅提升科技攻关体系化能力，不断提升国家创新体系效能。将新型举国体制与我国人力资本、市场需求和产业体系及产业链优势相结合，建立长周期的科教资源协同机制，推动创新链、产业链、资金链、人才链深度融合。

第三，夯实企业科技创新主体地位，切实推动产学研深度融合。强化企业科技创新主体地位，是深化科技体制改革、推动实现高水平科技自立自强的关键举措。要坚持系统观念，围绕"为谁创新、谁来创新、创新什么、如何创新"，从制度建设着眼，对技术创新决策、研发投入、科研组织、成果转化全链条整体部署，对政策、资金、项目、平台、人才等关键创新资源系统布局，一体推进科技创新、产业创新和体制机制创新，推动形成企业为主体、产学研高效协同深度融合的创新体系。聚焦"基础研究+技术攻关+成果产业化+科技金融+人才支撑"全过程创新生态链，促进创新资源向企业集聚，向新质生产力集聚，推动企业在关键核心技术攻关和重大原创技术突破中发挥作用。按照"理技融合、研用结合"，支持龙头企业牵头组建创新联合体，探索产学研协同攻关和产业链上下游联合攻关，建立"一产一策、一技一策、一企一策"工作机制。支持企业与高校、科研机构成立联合实验室，布局建设一批概念验证中心、中小试基地、公共技术服务平台、众创空间和孵化器。聚焦未来产业，搭建一批应用场景,支持企业开展新技术、新产品应用示范推广。

第四,优化民营企业发展环境,促进民营经济发展壮大。党的十八大以来,我国出台了一系列推动民营经济发展的支持政策,为促进我国民营经济发展壮大提供了长期性、稳定性、系统性的制度框架。2023年7月,《中共中央、国务院关于促进民营经济发展壮大的意见》(以下简称《意见》)印发,随后相关部门陆续出台了一系列配套政策,形成了优化民营企业发展环境的"1+N"政策体系。2023年中央经济工作会议对发展壮大民营经济作出部署,再次强调坚持"两个毫不动摇"。要领会好、落实好中央经济工作会议精神,积极落实《意见》中针对准入难、融资难、回款难、中标难、维权难等问题提出的解决方案,持续破除市场准入壁垒,全面落实公平竞争政策制度,完善融资支持政策制度、拖欠账款常态化预防和清理机制、支持政策直达快享机制,强化民营经济发展法治保障,着力让民营企业可感、可及。特别是要坚持"刀刃向内",建立健全政务失信记录和惩戒制度,推动政府诚信履约。同时,切实完善常态化民营企业家座谈会机制,支持各级部门邀请优秀企业家开展咨询活动,倾听民营企业家的真实想法,积极发现民营企业发展中出现的新问题、新情况,建立完善从问题反映到落实解决的闭环机制,着力解决民营经济发展中面临的阶段性突出困难和问题。加大对地方政府支持民营企业发展壮大政策落实的督导与考核，强化已出台政策的督促落实，实施相应奖惩措施。健全政策落实的评估机制，根据评估中出现的问题进一步优化政策举措。

第五，激发、保护企业家精神，营造依法保护企业家合法权益的法治环境。习近平总书记指出："全面深化改革，就要激发市场蕴藏的活力。市场活力来自于人，特别是来自于企业家，来自于企业家精神。"[1]"企业家爱国有多种实现形式，但首先是办好一流企业，带领企业奋力拼搏、力争一流，实现质量更好、效益更高、竞争力更强、影响力更大的发展。"[2]要营造依法保护企业家合法权益的法治环境，依法保护企业家财产权，依法保护企业家创新权益，依法保护企业家自主经营权。营造促进企业家公平竞争、诚信经营的市场环境，强化企业家公平竞争权益保障，健全企业诚信经营激励约束机制，持续提高监管的公平性、规范性、简约性。营造尊重和激励企业家干事创业的社会氛围，构建"亲""清"的新型政商关系，树立对企业家的正向激励导向，营造积极向上的舆论氛围。努力为企业家提供优质高效务实服务，完善涉企政策和信息公开机制，加大对企业家的帮扶力度。加强优秀企业家培育，发挥优秀企业家示范带动作用，构建"企业

---

[1]《习近平关于社会主义经济建设论述摘编》，中央文献出版社2017年版，第62页。
[2]《习近平著作选读》第2卷，人民出版社2023年版，第320—321页。

家+科学家+投资家"的未来产业项目挖掘与甄别机制。

第六,加快建设全国统一大市场,发挥超大规模市场优势。科技创新与市场体系紧密相关、相互促进。一方面,高标准市场体系能够形成高质量的产品服务供给、高水平的生产技术投入、高效率的供需对接。建设高标准市场体系,有利于创新资源优化配置,激励各方投入创新、推进创新。另一方面,科技创新为建设高标准市场体系提供技术基础,能够孕育出颠覆性的创新产品,推动企业之间、消费者之间以及企业和消费者之间形成新型互动。这将催生新的数据分析和处理方法,推动市场营销战略、策略、模式、工具等方面的创新,更好实现供需精准对接。要加快建设高标准市场体系,畅通市场循环,疏通政策堵点,打通流通大动脉,充分发挥我国市场的规模效应与集聚效应,促进创新要素有序流动和合理配置,为支撑战略性新兴产业和未来产业发展、加快形成新质生产力提供体制机制保障。重点夯实市场体系基础制度,是市场体系有效运行的基础。要全面完善产权保护制度,依法、平等、全面保护各类所有制企业产权,激发各类生产经营主体活力,促进创新创造。全面落实"全国一张清单"管理模式,形成全国统一市场,发挥超大规模市场优势。[①] 要深化市场监管体制改革,健全完善适应未来

---

① 宋葛龙:《建设高标准市场体系》,《人民日报》2023年11月24日。

产业技术更迭和产业变革要求的制度规范，按照包容审慎原则，统筹监管和服务，适当放宽新兴领域产品和服务市场准入。深化要素市场化配置综合改革，让各类先进优质生产要素向发展新质生产力高效流动。

第七，不断优化营商环境，更好服务市场主体。好的营商环境，其本质是，让企业在依法合规的前提下，多快好省地实现盈利；其社会共识是，视企业为衣食父母、视企业家为至爱亲朋。全面深化改革，优化营商环境，注定是一场关乎全局、决定未来的持久战。困难越大、矛盾越多，越需要埋头苦干的真把式，雷厉风行的快把式，追求卓越的好把式。必须用思想的力量催动改革的步伐，以科学的方法善作善成，强化改革定力、强化创新突破、强化部门协同、强化政策落地，重点解决权力下放中整体联动、业务协同不够的问题，破解部门、行业、地区间数据共享机制不健全的问题，化解多头监管、重复监管普遍存在的问题，以及如何建立改革协同机制的问题。同时，还要杜绝一些地方政府部门"拍脑袋"决策、"拍胸脯"保证、"拍屁股"走人的现象。

第八，扩大高水平对外开放，形成具有全球竞争力的开放创新生态。要加快培育外贸新动能，巩固外贸外资基本盘，拓展中间品贸易、服务贸易、数字贸易、跨境电商出口贸易。探索将现有的服务业扩大开放综合试点城市升级为服务业开放特区的可行性方案。进一步提升部分A、B级出入境特殊物品的通关便利化水平。进一步放宽境外服务提供者在建筑设计、城市规划、医疗等领域提供的跨境服务限制，放宽云计算、电影电视制作、医疗等领域的外资准入限制，加大高等教育、职业教育对外开放力度。对标国际高标准经贸规则，认真解决数据跨境流动、平等参与政府采购等问题，持续建设市场化、法治化、国际化一流营商环境，打造"投资中国"品牌。进一步便利外籍人员来华经商、学习、旅游。抓好支持高质量共建"一带一路"八项行动的落实落地，统筹推进重大标志性工程和"小而美"民生项目。

发展新质生产力的时代要求
与政府作为 *

  2023年9月7日在新时代推动东北全面振兴座谈会上，习近平总书记强调："积极培育新能源、新材料、先进制造、电子信息等战略性新兴产业，积极培育未来产业，加快形成新质生产力，增强发展新动能。"[①]据不完全统计，在31个省、自治区、直辖市的2024年政府工作报告中，共有26个省、自治区、直辖市在相对靠前的位置重点提及了新质生产力。多地政府工作报告提出，2024年将锚定培育新兴产业、未来产业，聚焦以科技创新引领经济发展，促进形成新质生产力，培育强劲新动能。各地政府在结合本地区发展优势的基础上因地制宜培育新质生产力。比如，北京市政府突出首都定位和科技创新中心的优势，以率先建

---

* 作者：黄恒学，北京大学政府管理学院教授、博士生导师，北京大学国家治理研究院研究员。
① 《牢牢把握在国家发展大局中的战略定位 奋力开创黑龙江高质量发展新局面》，《人民日报》2023年9月9日。

立充满发展活力的新质生产力发展格局；广东省政府强调实体经济的关键作用，在推进制造强省建设的基础上不断壮大新质生产力；浙江省政府强调"一链一策"推动新兴产业发展，布局未来产业先导区，大力发展新质生产力。

发展新质生产力对政府作为提出了三个新要求

2024年《政府工作报告》提出："大力推进现代化产业体系建设，加快发展新质生产力。充分发挥创新主导作用，以科技创新推动产业创新，加快推进新型工业化，提高全要素生产率，不断塑造发展新动能新优势，促进社会生产力实现新的跃升。"[1]这对政府如何有效发展新质生产力提出了以下三个新的要求。

一是优化升级产业链、供应链。通过宏观调控和政策支持，确保产业链和供应链稳定，包括优化财政政策和货币政策，提供必要的财政支持和信贷便利，平衡产业链中的供需关系，从而稳定市场预期和增强企业信心。同时，关注国内外市场趋势，以及全球经济形势的变化，及时调整和优化政策，应对可能的经济波动和外部风险。

二是培育新兴产业和未来产业。对于智能网联新能源汽车

---

[1]《牢牢把握在国家发展大局中的战略定位 奋力开创黑龙江高质量发展新局面》，《人民日报》2023年9月9日。

等已具有一定竞争优势的产业，不仅要巩固现有成果，还需进一步扩大其市场份额和技术领先边际，包括推进关键技术突破，优化产业链布局，提高产品的市场接受度和消费者体验。同时，加快氢能、新材料、创新药等前沿产业发展，优化产业结构。对于氢能源产业，应加大研发投入，推广氢能汽车和氢能储运技术的应用，探索可持续的能源解决方案。

三是深入推进数字经济创新发展。政府应当加大对基础研究和关键技术攻关的投入，如人工智能、大数据、云计算、区块链等，推动数字技术的创新和应用。加强数字基础设施建设，如5G网络、数据中心等，为数字经济的发展提供强有力的物理和网络支撑。同时，在政策制定上注重促进跨行业、跨领域的融合发展，打破信息孤岛，促进数据资源的共享和开放，提高数据资源的利用效率和价值创造能力，加强数据治理，确保数据安全和个人隐私保护，为数字经济的健康发展创造良好的法律和社会环境。

促进新质生产力发展需处理好四对关系

由于不同地区发展水平各异，新质生产力的发展表现出一定的地域差异性，采取策略应当因地制宜，依据各地的资源优势、产业结构和科学研究条件等，针对性地促进新兴产业、新商业模式和新动力的发展，着力于科技创新的关键环节，通过加强现有优势，提升弱项和开发新领域，积极探求符合本地实际，能够体现地方特色的发展新途径。

首先，正确处理政府和市场的关系。第一，有效发挥政府和市场的作用。政府通过制定相关政策和出台相应法律法规可以为新质生产力的发展提供方向性指导，而市场则依靠价格机制和竞争环境来激发市场主体的创新动力，并推动科技成果的实际应用和产业化过程。一方面，政府应发挥引导作用，加快推进重大科技创新项目，包括对基础技术和关键技术研发的引导和支持，增加对科学研究、人才培养的投资；另一方面，市场的作用在于确保科技成果能高效转化为实际生产力，充分利用市场在资源配置中的优势，支持政府与企业共建创新平台，实现政府的积极引导与市场的高效配置之间的高效协同。

第二，充分利用政府与市场各自的优势。在科技创新和解决重大科学问题方面，政府可利用其组织协调和资源调配的优势，提升国家科技实力。由于私营部门在面对高风险和长期投资的科技创新活动中，可能存在溢出效应、专属性、发展滞后性等局限，政府的及时介入变得尤为重要。在探索新的科技领域和产业发展路径时，这些领域的不确定性和研发投入的巨大风险往往超出了一般企业的承受范围。因此，通过政府的直接支持和引导，研发攻关那些具有关键意义的技术研发项目，确保科技创新既能够顺应市场需求，又能够在政府的支持下克服初期面临的不确定性和风险。

第三，加强对基础科学研究、应用研究及人才发展领域的资金投入。解决重大科学问题和关键技术挑战往往需要汇聚多方面创新力量的共同努力，政府可利用战略规划、政策激励和财政支持等手段，促进产业链各环节企业的协同创新，以提高整个社会的创新能力和效率。同时，充分发挥市场作用，市场对信息的感知和处理速度快于政府，能够有效促使企业在探索新技术、新产品和新商业模式过程中进行尝试、竞争和协作。在市场的驱动下，企业不仅可以快速验证新技术的实用性，还能加速科技成果在经济领域的应用，推动技术创新和产业升级。

其次，正确处理生产力和生产关系的关系。第一，加快形成新质生产力需要处理好体制机制改革问题。全方位深化改革，不断优化生产关系，更好地适应并引导先进生产力发展方向。通过实施供给侧结构性改革，减少无效的和低端的供给，同时增加中高端的供给，提升供给体系对市场需求变化的响应速度和调整能力，进而提高整体生产效率。同时，进一步完善和优化体制机制，通过增强组织执行力、完善协作机制以及调整市场准入政策，有效激发市场活力。

第二，适当调整生产力与生产关系之间的动态平衡。这要求全方位推进改革，构建与新质生产力发展相匹配的现代生产关系。重点在于深化科技、教育和人才管理体制改革，突破新质生产力发展的瓶颈，加快形成支持新质生产力发展的体系，确保优质生产要素自由流向新质生产力领域。同时，加大对外开放，打造符合市场规律、法治原则及国际标准的商业环境，为新质生产力的发展提供一个更加有利的国际环境。通过不断改革获取发展动力，借助开放促进经济活力，进一步扩大新质生产力的发展空间。

第三，加强重点行业统筹布局和投资引导。通过深入分析国内外市场需求和产业发展趋势，科学制定和调整产业政策，明确未来发展的重点领域和关键技术，从而为投资决策提供指导。建立健全产业监测和预警机制，及时掌握行业产能情况，有效预防和解决产能过剩问题。加强政策引导和财政支持，鼓励企业通过技术创新和模式创新提高生产效率和产品附加值，通过优化财政资金投入结构，引导社会资本投向创新驱动和产业升级领域，减少对低端产能盲目扩张，对于那些可能引发产能过剩的项目，应当采取限制或者禁止的措施，并鼓励企业通过并购重组、技术创新等方式，提高产能利用率和产品竞争力，避免低水平项目重复建设。

再次，正确处理新兴产业和传统产业的关系。第一，采取"创新先行，优化跟进"的策略。推动新质生产力的增长并不意味着放弃或忽略已有的传统行业，通过互补优势努力实现新兴产业与传统产业的协同发展，使二者能够相互支持，共同促进经济增长。以科技创新作为主导，旨在培育和加强新兴产业的发展，积极规划和建设前瞻性的未来产业。同时，推动传统产业技术更新和业务改造，促使其向高端化、智能化和绿色环保的方向转型。

第二，建设现代化产业体系。在推动产业向高端化转型过程中，加强基础建设，实现关键基础组件、软件、材料以及生产工艺等技术突破，并聚焦高端装备的发展，例如航空器、工业机械、医疗设备等领域，提高传统行业的技术水平。在智能化升级方面，将人工智能技术与传统行业深度融合，利用互联网技术对生产和运营过程中的数据进行采集与分析，将人工智能与生产设备及控制系统高度融合，推动生产控制和管理智能化，提升生产效率和管理效能。促进产业的可持续发展，关键在于加快绿色和低碳技术的创新突破，包括对生产流程和设备进行升级，实现智能化改造和环保技术应用。

第三，完善创新体系，实施产业创新工程。一方面，加强产业创新基础，通过提高研发投入，推动大数据、云计算、人工智能等先进技术在各行各业的广泛应用，提升产业智能化水平。积极探索和拓展新的应用场景，针对市场需求，开发新产品和提供新服务，不断拓宽战略性新兴产业的市场空间，为产业发展注入新的活力。另一方面，加强产业生态的整体布局，支持产业集群的形成和发展，充分发挥产业集聚效应。通过政策

发展新质生产力的时代要求与政府作为

○ **时代要求**

- 优化升级产业链供应链
- 培育新兴产业和未来产业
- 深入推进数字经济创新发展

○ **需处理好四对关系**

正确处理政府和市场的关系
- 有效发挥政府和市场的作用
- 充分利用政府与市场各自的优势
- 加强对基础科学研究、应用研究及人才发展领域的资金投入

正确处理新兴产业和传统产业的关系
- 采取"创新先行,优化跟进"的策略
- 建设现代化产业体系
- 完善创新体系,实施产业创新工程

正确处理生产力和生产关系的关系
- 处理好体制机制改革问题
- 适当调整生产力与生产关系之间的动态平衡
- 加强重点行业统筹布局和投资引导

正确处理共性和个性的关系
- 从实际出发,因地制宜
- 精准定位工作重心与攻坚方向
- 激发地方主动性

激励和资源整合，吸引高新技术企业和人才聚集，利用全球创新资源和市场机遇的优势，提升我国产业的全球竞争力。同时，完善相关法律法规和政策体系，保障知识产权，营造公平竞争的市场环境。

最后，正确处理共性和个性的关系。第一，从实际出发，因地制宜。我国地域广阔，各区域在资源配置、产业基础以及科研条件等方面存在显著差异，必须实事求是地根据各地的具体发展情况采取区域化管理，充分利用各地的特色资源，将资源优势转化为经济发展优势，确保政策的有效性和适用性。政府应根据不同地区的发展特点和需要，出台相应的政策和措施，包括财政、税收、金融、土地等方面的支持，以及人才、技术等方面的引导，为新质生产力的发展提供有力支持。同时，发挥各地区的独特优势，通过科学规划和资源配置，明确发展领域，加强地区间的协同发展。此外，聚焦政府和市场在推动区域经济发展中的协同作用，确保政策措施既具前瞻性又兼具可操作性，实现区域经济均衡发展。

第二，精准定位工作重心与攻坚方向。根据当地的产业基础和发展潜力，精准定位产业发展方向，既要避免盲目跟风和过度投资导致的市场泡沫，也不能单一模仿其他地方的做法。同时，注重产业链的补齐和延伸，通过建立联动机制，加强跨部门和地区之间的合作，形成特色鲜明、竞争力强的产业集群。

此外，加大对重点行业规划和项目审批的管控力度，对拟投资项目进行严格的评估和审查，确保每一个项目都能符合产业发展规划，避免资源无效配置和产能无序扩张。

第三，激发地方主动性。鼓励地方根据自身特点，积极探索适合自己的发展模式和路径，发挥地方政府和企业的主观能动性，形成多元化、特色化的发展格局。通过改善投资环境、提供政策引导和财政税收优惠、加强人才培养和引进等方式，营造有利于创新和发展的氛围。同时，促进区域间的交流与合作，借鉴其他地区成功经验，保持自身特色，形成互补互助的发展关系，共同推动区域经济多元化发展。

以新促质：战略性新兴产业
与未来产业的有效培育[*]

2023年9月，习近平总书记在黑龙江考察时指出："整合科技创新资源，引领发展战略性新兴产业和未来产业，加快形成新质生产力。"[①]"积极培育新能源、新材料、先进制造、电子信息等战略性新兴产业，积极培育未来产业，加快形成新质生产力，增强发展新动能。"[②] 2023年12月召开的中央经济工作会议明确提出："要以科技创新推动产业创新，特别是以颠覆性技术和前沿技术催生新产业、新模式、新动能，发展新质生产力。"[③]新质生产力的培育离不开新兴产业的发展，战略性新兴产业与未来产业是有效培育新质生产力的重要载体和主要阵地。

---

[*] 作者：王宇，南京大学商学院教授，教育部人文社会科学重点研究基地——南京大学长三角经济社会发展研究中心研究员。
[①]《牢牢把握在国家发展大局中的战略定位 奋力开创黑龙江高质量发展新局面》，《人民日报》2023年9月9日。
[②]《牢牢把握东北的重要使命 奋力谱写东北全面振兴新篇章》，《人民日报》2023年9月10日。
[③]《中央经济工作会议在北京举行》，《人民日报》2023年12月13日。

新质生产力需要新兴产业作为支撑载体

新质生产力是以颠覆性和关键性技术创新为主要驱动力，由新质的劳动者、劳动资料和劳动对象构成，以战略性新兴产业和未来产业作为主要载体，以高质量发展为目标，适应新技术、新经济、新价值和新业态的新型生产力。新质生产力的形成也是新技术渗透至实体经济，与其深度融合的过程，由此才能真正实现对劳动者、劳动资料和劳动对象的新质化改造与升级，并以全新的方式进行组合，最终实现从创新成果到真实生产力的转化。[1]新质生产力的核心在于以"新"促"质"，它的形成与发展必须依赖于新兴产业这一重要载体，具体表现在以下四个方面。

新兴产业培育了掌握新知识和新技能的新质劳动者。与传统劳动者相比，新质劳动者受到了良好的教育和培训，掌握了更加前沿的知识与技术，拥有更强的创造力和实践能力。他们能够熟练使用各种现代化和智能化的设备与工具，通过知识的快速迭代与更新，持续提升生产效率。一方面，新兴产业对劳动者提出了更高的要求，从需求侧拉动了新质劳动者的需求；另一方面，新兴产业通过技能培训以及岗位提供，从供给侧为新质

---

[1] 刘志彪、凌永辉、孙瑞东：《新质生产力下产业发展方向与战略——以江苏为例》，《南京社会科学》2023年第11期。

劳动者提供了工作场景。

新兴产业提供了新技术和新工具赋能的新质劳动资料。以人工智能、区块链为代表的数字技术和以基因编辑、脑科学为代表的生命科学技术，以及新材料与新能源领域的各种新技术的出现，为劳动者带来了全新的生产工具，极大地提升了生产效率。新兴产业事实上为上述新技术的落地和产业化提供了良好的载体，也只有通过新兴产业，上述新技术才能走出实验室。

新兴产业丰富了囊括新领域和新要素的新质劳动对象。科技创新让劳动者能够加工的对象的范围不断拓展，劳动者通过对自然规律的深入理解以及改造自然能力的持续提升，宏观上至太空，微观下至量子，不断探索新领域。但是只有通过产业化，新资源才能完成向新要素的转化，知识、技术、管理、数据等新的生产要素才能进入生产过程。

新兴产业形成了协同且均衡的新质要素的组合协调机制。新兴产业以新业态和新模式为新质要素提供了全新的组合方式和协调机制，通过科技创新对生产和消费模式的颠覆式影响，以不断丰富的商业模式持续推动三类要素结构上的新优化、联系方式上的新升级，最终实现三者的协同与均衡发展。

战略性新兴产业与未来产业的内涵特征

战略性新兴产业是以重大前沿技术突破和重大发展需求为基础，对经济社会全局和长远发展具有重大引领带动作用的产业。从"十二五"规划提出包括新能源和新材料在内的七大重点发展领域，到"十三五"规划进一步明确要让战略性新兴产业增加值占国内生产总值的比重达到15%，再到"十四五"规划进一步将战略性新兴产业扩充到九大领域，战略性新兴产业一直在现代化产业体系中位于核心地位。"十四五"规划正式提出了要谋划布局未来产业，但是学界对此尚未有统一的定义。[1]综合现有研究的共同点，笔者认为未来产业就是基于重大前沿科技创新成果，以新兴技术作为驱动力，满足人类未来需求，对经济社会发展起到关键性的支撑与引领作用，当前仍处于萌芽期的前瞻性新兴产业。

从产业发展逻辑来看，战略性新兴产业和未来产业两者之间既有联系，又有区别。战略性新兴产业是指那些初步完成了重大技术试错，已经具有较为明确的产业形态和发展模式的新兴产业。未来产业则是仍处于科技创新和产业创新的试错阶段，应用场景和商业模式尚不明确，具有很强的前瞻性和不确定性。

---

[1] 李晓华、王怡帆：《未来产业的演化机制与产业政策选择》，《改革》2021年第2期。

两者的主要区别就在于科技创新与产业创新的程度与水平，战略性新兴产业的产业化程度更高，技术更加成熟，而未来产业则处于产业孵化期，技术更加前沿。因此，战略性新兴产业是未来产业发展的必然结果，未来产业则是战略性新兴产业的必经阶段。

战略性新兴产业和未来产业具有以下重要特征：一是前沿性。无论是战略性新兴产业还是未来产业，创新驱动都是其重要特征，科技引领和技术运用都是其发展的基础，技术的快速迭代和升级更是产业发展的根本动力。与传统产业不同，战略性新兴产业和未来产业都是以前沿技术作为底层支撑，这些技术会从根本上对现有的成熟技术产生颠覆式的影响。前沿性的技术随着商业化和产业化的持续深入，将极大地改变现有的生产方式，不断提高生产效率。与此同时，不同的前沿性科技在发展过程中会根据市场和产业发展的需求进行跨界融合，更好地解决现实中存在的问题，满足人类更加多样化的需求。

二是成长性。战略性新兴产业和未来产业在技术上的前沿性和关键性意味着新技术会从根本上颠覆当前的生产和消费模式，能够用更高的效率和更低的成本提供性能更强且体验更佳的产品与服务，在牵涉国计民生的一些重要领域，能够更好地满足人类未来的根本性需求。随着技术的不断突破，新产品、新服务、新业态的出现必然会创造出潜力巨大且成长性高的市场需求。与此同时,新兴产业知识与技术密集型的特点,意味着其能够产生更高的附加值,伴随着经济社会的不断发展,这一特点将使新兴产业具有很高的成长性。

三是外部性。战略性新兴产业和未来产业的创新成果往往来源于关键性基础研究领域,具有很强的通用性和成长性。随着关键前沿性技术不断取得突破性进展,以及相关应用研究和开发技术的持续推进,新兴产业将形成一个复杂的创新生态和产品系统。伴随着产业和科技的深度融合,产业链同时从横向和纵向进行延伸,进而形成一个复杂的产业网络,战略性新兴产业和未来产业将利用自身在创新生态中的核心地位,带动产业网络中的其他主体实现联动发展。新兴产业通过产业内外部的技术外溢,客观上形成了一种以前沿技术作为支撑的产业公地,提供了强大的发展外部性。

四是战略性。大国竞争的本质是科技竞争,而科技竞争又必然以产业竞争作为核心实现方式。因此,战略性新兴产业和未来产业客观上还承担着提升国家竞争实力、占领技术和产业制高点的使命。科技进步的多样性和先发优势的存在,意味着新兴产业的发展能够助力关键技术的突破和相关标准的制定,以产业化的形式在国际竞争中占得先机,赢得战略主动,强化竞争优势。战略性新兴产业和未来产业的战略价值体现在他们将从根本上改变未来各国的产业地位,重塑国际分工格局以及增强国家话语权。

五是风险性。无论是战略性新兴产业还是未来产业，都处于产业生命周期的培育阶段，在成为主导产业和支柱产业之前，需要经历一个漫长的过程。在新技术取代旧技术，从而实现新旧产业更迭的过程中，会面临市场培育、政策监管和组织调整等诸多挑战，因此，新兴产业的发展面临着很高的不确定性和风险。政府的产业政策可以在一定程度上加快新兴产业的培育过程，减少新旧技术更迭中的市场摩擦。但是创新活动自身的不确定性意味着政府在扶持新兴产业时，尤其是在确定重点赛道和发展领域时，又会产生新的政策风险。

新兴产业培育新质生产力的内在机制

新质生产力的发展事实上就是前沿创新成果有效赋能劳动者和劳动资料，在新的时代条件下高质量地改造自然与社会的过程，上述过程的实现必然要依托于产业载体。基于前沿关键技术形成的新兴产业就是新的生产和创新主体，其运用颠覆性科学技术，改造现有生产方式，提升生产效率，在时间和空间上实现集聚。一方面，战略性新兴产业和未来产业的发展为颠覆式创新提供了一个有效的产业化的"试炼场"，通过产品与服务生产以及相应的市场竞争来检验技术创新的质量，加速创新成果从论文到产品、从实验室到市场的转换过程；另一方面，基

战略性新兴产业和未来产业的有效培育

○ 新兴产业

　　↓

新质生产力的支撑载体

1. 培育了掌握新知识和新技能的新质劳动者
2. 提供了新技术和新工具赋能的新质劳动资料
3. 丰富了囊括新领域和新要素的新质劳动对象
4. 形成了协同且均衡的新质要素的组合协调机制

○ 战略性新兴产业和未来产业

内涵特征 〉 前沿性 〉 成长性 〉 外部性 〉 战略性 〉 风险性

○ 依托新兴产业培育新质生产力的实现路径

- 关键 —— 在于充分发挥新型举国体制优势
- 积极 —— 制定衔接有序且布局均衡的产业政策
- 加快 —— 推进全国统一大市场建设
- 加快 —— 建设中国特色现代金融体系
- 持续 —— 健全面向未来的人才培养机制

础创新有着巨大的成长空间和发展潜力，需要通过快速的创新迭代持续提高质量，新兴产业不仅能够为基础研究的应用化扩展提供支持，还能通过及时的市场反馈进一步改进创新成果的质量。

新兴产业培育新质生产力的核心机制在于能够通过多种要素的协同与集聚，实现创新链、产业链、资金链和人才链的融合发展，加速创新成果的产业化，充分发挥两者之间正反馈机制的作用，塑造"以新促质"的新动能。

新兴产业实现了产业链与创新链的深度融合。一些科技创新部门与实体产业部门之间的发展存在脱节现象，这表现为部分基础研究的前沿性成果很难实质性地提高供给水平和提升生产效率。这种脱节现象一方面是由于创新成果的超前性使其在短时间内难以获得产业支撑，另一方面则是因为应用性研究脱离市场需求进而难以落地。战略性新兴产业和未来产业能够为前沿性的科研成果提供孵化载体，让创新资源和产业资源深度融合发展，推动科研创新和产业创新实现协同发展。

新兴产业推动了产业链和资金链的正向循环。传统产业由于技术创新和管理能力较弱，难以形成优质资产、提供足够的投资回报，因此资金难以进入实体经济。新兴产业以关键性和前沿性的科技创新作为技术支撑，是具有巨大潜在价值的标的资产，能够吸引风险资本来加快产业发展。随着产业化程度的不断加深，创新型企业会带来远高于社会平均利润率的回报，最终实现资金在实体经济中的正向循环，持续提升生产效率。

新兴产业强化了资金链和创新链的相互支撑。创新活动需要大量的资金支持，但是创新活动自身的不确定性意味着资金往往难以获得稳定回报，尤其是那些基础性和前沿性创新活动由于高风险很难吸引到足够的资金支持。新兴产业客观上为关键性基础研究提供了一种全新的资金支持模式：一方面，资金雄厚的创新型企业自身可以承担很多前沿性的科研任务；另一方面，产业基金等风险资本在技术产业化的过程中能够有效地链接基础研究到应用研究之间的断裂地带，加速科技成果转化，最终形成高附加值和高回报率的产品和服务。

新兴产业提升了创新链和人才链的有效匹配。创新驱动生产力的提升，本质上需要高素质人才予以实现。高效的创新活动不仅需要刻苦钻研的科学家从事科研创新，同时还需要敢于冒险的企业家进行产业创新，并且还需要大量的中介人才促成科学家与企业家的合作。战略性新兴产业和未来产业的发展，不仅能够让各类人才根据自身的特点从事不同的创新活动，还能够推动彼此之间形成合作，彻底打通创新链条中的各种壁垒。新兴产业的发展也为人才提供了更多的创新岗位，让其充分发挥自身才能，并且还能利用市场机制来培育素质更高、知识更全面的复合型创新人才。

新兴产业促成了产业链和人才链的相互成就。新兴产业响应新时代的技术和需求变革，通过新模式和新业态的创新助推经济高质量发展。一方面，产业链的不断延伸提供了大量的岗位，使高素质人才能够更快地从传统产业中的低效率部门流向新兴产业中的高效率部门；另一方面，新兴产业中的新业态的落地对人才培养提出了更高的要求，劳动者需要熟练掌握新技术和使用新工具，这在客观上加快了人力资源素质的提升。

新兴产业贯通了资金链和人才链的激励机制。高素质的劳动者是新质生产力的核心，有效激励则是劳动者发挥主观能动性的根本。资金链和人才链的融合发展，本质上就是要让资金为人才服务，不断提升人才创新的积极性和能动性。战略性新兴产业和未来产业作为朝阳产业在发展过程中会吸引大量的风险投资，尤其是初创企业中的核心人员的收入远高于市场平均水平，这就是对从事颠覆式创新人员的有效激励。从全社会来看，对创新人才的有效激励很大程度上会产生较高的商业回报和社会价值。

依托新兴产业培育新质生产力的实现路径

以新兴产业作为主阵地培育新质生产力，关键在于充分发挥新型举国体制优势。新型举国体制本质上就是有效市场的"无形之手"和有为政府的"有形之手"紧密结合。一方面发挥集中力量办大事的优势，集中创新资源在关键领域和基础研究领域进行攻关，争取在前沿性和颠覆性创新上取得突破性成果；另一方面充分利用市场机制有效配置资源要素，加快推动科技成果的商业化和产业化，在战略性新兴产业和未来产业中形成先发优势。

积极制定衔接有序且布局均衡的产业政策。相关部门在制定产业政策时一方面要坚持市场和技术的双重导向，另一方面要做到空间布局上均衡协同以及时间规划上衔接有序。新兴产业的规划，既要考虑底层技术的颠覆性和基础性，同时还要考虑我国的资源禀赋以及市场状况，要能从技术和市场两个方面发挥自身的竞争优势。时间规划上要考虑传统产业和新兴产业之间的互动关系，边破边立，在改造中实现融合发展，同时在战略性新兴产业和未来产业之间做好有序衔接。空间布局上要充分做好顶层设计与整体统筹，结合区域优势做到因地制宜。

加快推进全国统一大市场建设。全国统一大市场的建设可以使要素在不同地区和部门之间自由流动，这是保证资源向新兴产业集聚、培育新质生产力的关键。一方面要坚持对内开放，破除地方保护，保证商品、服务、人员和资本的自由流动，加快推动全国性的标准和规则制定，重视竞争政策的作用，加大知识产权的保护力度，营造有利于中小企业发展的营商环境；另一方面要持续提升对外开放水平，充分发挥我国超大规模市场优势，构建基于内需的开放格局，虹吸全球高级生产要素，使其向国内新兴产业集聚。

加快建设中国特色现代金融体系。发挥政府公共财政资金对基础研发的支持作用，集中力量攻关重大科研项目，发挥大资金的规模优势。积极推动制度创新，以政府主导的产业基金为主，同时通过成熟的资本市场吸引社会风险资本的加入，加大对新兴产业的扶持力度，缩短培育期。鼓励战略性新兴产业和未来产业中的头部企业通过公开募股、并购重组和资产证券化等多种方式进行融资。

持续健全面向未来的人才培养机制。重视高等教育在人才培养中的核心作用，根据产业发展和未来需要动态调整学科与专业设置，推进科教融合与产教融合，培养复合型的高素质人才。优化人才评价与考核制度，加大对基础研究领域科研人员的保障力度，建设鼓励创新和包容试错的体制机制，积极探索建立首席科学家制度，发挥顶尖人才的引领作用。提升职业教育的质量，在培养"工匠精神"的基础上与时俱进，适应新时代要求，不断提升劳动者的薪酬待遇。

激活数据要素价值，发展新质生产力[*]

当前，随着数据成为经济发展的关键生产要素，数字技术在经济社会生活中的不断嵌入与扩散，经济社会正向网络化、数字化、智能化方向跃迁，人类生活生产从单一的物理空间向数实同构的双重空间拓展，生产力和生产关系正在深度重塑。在此背景下，2023年习近平总书记在黑龙江调研时创造性地提出"新质生产力"的概念，中央经济工作会议部署"发展新质生产力"；2024年二十届中央政治局第十一次集体学习时，习近平总书记系统阐述了新质生产力。2024年政府工作报告提出"加快发展新质生产力"。数字经济是未来的主要经济形态，如何理解数字经济中的新质生产力的内涵、特征和作用，是加快发展数字经济、深入推动数字经济创新发展的重要理论问题。

---

[*] 作者：欧阳日辉，中央财经大学中国互联网经济研究院副院长、教授、博士生导师。

新质生产力是数字时代的生产力

生产力是马克思主义政治经济学的重要概念，是最活跃最革命的因素。综述马克思在《资本论》等文献中的论断，马昀和卫兴华认为，生产力是人们（劳动者）运用生产要素，生产物质财富和精神财富的能力。[1] 我国长期存在生产力二要素（生产工具与劳动者）与三要素（劳动资料、劳动对象、劳动者）之争。实际上，生产力是由多要素构成的，马克思将劳动生产力与生产力当作内涵一致的概念使用，重视生产力的分工协作因素和自然力因素等，特别重视科学的因素，把管理、科学、分工协作、自然力等都作为生产力或劳动生产力的构成要素。正如马克思所指出的"劳动生产力总是在不断地变化"[2]，随着人类社会进步，社会生产力不断发展，生产力要素的内涵和种类在不断扩展和丰富。

生产力有其自己的发展规律，会随着人的需求的变化和生产的发展而不断变化。一方面，生产力发展有其内在源泉和内在动力，在发展中不断增强自己的能力。人的需求是发展生产力的重要内因，消费创造出新的生产动力。生产力各要素作用的

---

[1] 马昀、卫兴华：《用唯物史观科学把握生产力的历史作用》，《中国社会科学》2013年第11期。
[2] 《马克思恩格斯选集》第2卷，人民出版社1995年版，第48页。

充分发挥、效能的提高、组合的优化,都会推动生产力的提高。比如,劳动者受教育程度的提高,文化和科技知识的增长,科学发明与技术创新应用于生产,管理水平和现代化治理的提高,生产资料数量的丰富和质量的提高,分工协作和生产组织的优化,都是提高生产力的内在动力。另一方面,生产力诸要素的内在矛盾和解决,是生产力发展的重要源泉。在现实中,存在着人与自然界的矛盾、生产工具与劳动对象的矛盾、生产工具同生产工具的矛盾,这些矛盾会产生要素驱动发展与创新驱动发展要求的矛盾。从外部动力来说,生产力总是在一定的生产关系中运动和发展的,适应生产力的性质和水平的新生产关系,才能促进生产力的发展。

科技的突破和发展很大程度上决定了生产力的水平。马克思十分重视科学在生产力发展、人类社会进步中的重要作用,指出"大工业则把科学作为一种独立的生产能力与劳动分离开来"[1],"随着科学作为独立的力量被并入劳动过程而使劳动过程的智力与工人相异化"[2]。邓小平进一步提出:"科学技术是第一生产力。"[3]党的二十大报告指出:"科技是第一生产力、人才是第一

---

[1]《马克思恩格斯全集》第21卷,人民出版社2003年版,第412页。
[2]《马克思恩格斯选集》第2卷,人民出版社1995年版,第259页。
[3]《邓小平文选》第3卷,人民出版社1993年版,第274页。

资源、创新是第一动力。"①随着生产力向高层次发展，科技创新的重要性日益凸显，科技是推进其他生产要素变革、统率诸生产要素协调发展的重要力量。当今，传统生产要素驱动经济增长的能力式微，旧的生产函数组合方式效率下降，需要向科技创新驱动发展方式转型，形成新的生产力。

纵观历史，历次科技和产业革命产生的新技术、新要素、新产业，都推动了生产力质的飞跃，形成了不同的时代特征。新质生产力是新一轮科技革命和产业变革的产物，是数字经济条件下的生产力，生产力的诸多要素发生了新变化。习近平总书记高屋建瓴地指出，新质生产力具有高科技、高效能、高质量特征。笔者认为，在数字经济条件下，新质生产力具有三个显著的时代特征：一是新要素。新要素体现在数据要素和数字技术两个方面。数据作为新型生产要素逐步成为社会生产力的重要角色和核心要素，成为驱动生产力跃迁的新质生产要素，它促进劳动者、劳动资料、劳动对象及其优化组合的跃升。以互联网、人工智能、大数据为代表的数字技术，推动生产方式、消费模式变革，加快发展方式绿色转型。二是新方式。数字平台成为新型企业组织、商业模式和资源配置方式，推动数字经济和实体经济深度融合，促进互联网、大数据、人工智能等数字技术

---

① 《习近平著作选读》第1卷，人民出版社2023年版，第28页。

激活数据要素价值发展新质生产力

生产要素

- 土地
- 劳动者
- 数据
- 资本
- 技术

乘数作用 » 新质生产力的关键引擎

1. 数字经济时代最先进、最活跃的新质生产要素
2. 协同优化其他生产要素,推动生产要素创新性配置
3. 优化科技创新要素配置,支撑科技创新,实现技术革命性突破
4. 通过融合创新催生新产业、新业态、新模式
5. 大幅提高全要素生产率,打造经济发展新动能

政策着力点

- 加快构建适应数据要素特征、促进数据流通利用、发挥数据价值效用的数据基础设施
- 加快建立健全公共数据资源开发利用体系
- 打造千姿百态的应用场景
- 大力培育数据商、第三方专业机构和数据交易机构
- 培育壮大数据产业

同实体经济深度融合,带来产品架构、商业模式、应用场景的迭代,实现新供给与新需求高水平动态平衡。三是新动能。新质生产力以实体经济为根基,改造提升传统产业、培育壮大新兴产业、布局建设未来产业。提升产业链、供应链韧性和安全水平,着力提高全要素生产率是我国形成和发展新质生产力的主攻方向。

新质生产力的这些特征,与做强、做优、做大我国数字经济的战略部署是高度契合的。一方面,新质生产力以科技创新为要义、高质量发展为目标与国家部署发展数字经济的目标是吻合的,其通过提升数字化创新引领发展能力、增强智能化水平、切实用好数据要素,从而走出一条生产要素投入少、资源配置效率高、资源环境成本低、经济社会效益好的高质量发展道路。《"十四五"数字经济发展规划》提出:"以数据为关键要素,以数字技术与实体经济深度融合为主线,加强数字基础设施建设,完善数字经济治理体系,协同推进数字产业化和产业数字化,赋能传统产业转型升级,培育新产业新业态新模式。"[1]另一方面,数字经济蓬勃发展为形成新质生产力创造了条件。数字生产力是数字经济时代的生产力,是指在"数据+算力+算法"

---

[1]《国务院关于印发"十四五"数字经济发展规划的通知》,中国政府网2022年1月12日。

构筑的数字平台或者数字世界中，劳动者运用数字技术，充分开发利用数据这一新生产要素，高质量地为人类创造物质财富和精神财富的新能力。数字生产力是新质生产力在数字经济中的具体表现形式，具备数字素养的劳动者推动新质生产力核心要素网络化共享、系统化整合、协作化开发和高效化利用，提高全要素生产率，促进社会生产力实现新的跃升。

综上，生产力是由多要素构成的，有其自身的发展规律。新质生产力在科技创新和应用取得重大突破的推动下，生产力要素发生了质的改变，是数字时代的生产力。数字技术越尖端，数据要素越丰富，算力越强大，算法越先进，数字平台规模越大，数字经济和实体经济融合越广泛越深入，新质生产力就越强大。

发挥数据要素乘数作用是发展新质生产力的关键引擎

伴随数字经济发展产生的海量数据资源进入经济系统，数据要素成为土地、劳动力、资本、技术之外的第五要素，正在成为数字经济深化发展的核心引擎。随着大数据、人工智能等数字技术的快速发展，数据的采集、存储、加工、流通、分析和应用能力得到了显著提升。数据"供出来""动起来""用起来"，不断释放价值，作为新生产要素可以助推传统生产力改造升级。所以，发展以数据要素为关键因素的新质生产力，是加快形成新质生产力的先手棋。

第一，数据要素是数字经济时代最先进、最活跃的新质生产要素。与传统要素相比，数据要素具有以下四个显著的经济特征。一是非排他性。数据可以低成本地无限复制给多个主体同时使用，任何主体对数据的使用都不会影响其他使用者的利益。二是无限增长性。随着数字技术加速渗透到经济社会的方方面面，数据资源供给规模呈现指数级增长，而且可以重复使用，打破了传统要素有限供给对增长的制约。三是支撑融合性。数据要素和其他要素相比有更好的支撑融合作用，对技术、劳动、资本等其他要素融合发挥强大的支撑效应。四是规模经济性。数据要流动、要使用才能产生价值，数据规模越大，其蕴含的价值越多。数据使用者越多，人们从数据中挖掘到的价值越大。

第二，数据要素协同优化其他生产要素，推动生产要素创新性配置。新质生产力以劳动者、劳动资料、劳动对象及其优化组合的跃升为基本内涵，强调生产要素创新性配置，激发劳动、知识、技术、管理、资本和数据等生产要素活力。数据要素具备可复制、可共享、无限增长和供给的特征，基于算力、算法、模型才能创造价值，数据创造价值的基本逻辑有三条：价值倍增（提升传统单一要素生产效率）、资源优化（优化传统要素资源配置效率）、激发创新（激活其他要素替代传统要素的投入和功能）。一方面，数据要素融入生产、分配、流通、消费和社会服务管理等各环节,与劳动、资本、技术等传统生产要素融合,提高单一要素的配置效率和生产效率,在生产中完成样本数据的扩充与要素赋能,继而实现"两重创新性"价值倍增的良性循环;另一方面,数据要素与其他要素结合形成数据资本,数据资本是生产力提升的关键。这不仅能直接作为生产要素促进经济增长,也可以通过促进其他生产要素的高效配置,间接提升其他生产要素的使用效率。这与新质生产力内在的高效能、低消耗的要求是天然契合的。

第三,数据要素优化科技创新要素配置,支撑科技创新,实现技术革命性突破。科技创新是新质生产力的核心驱动力,必须使原创性、颠覆性科技创新成果竞相涌现。研究表明,数据要素集聚通过缓解劳动资源错配、提升研发投入水平和人力资本水平等路径对科技创新产生正向影响。通过对数据要素的挖掘分析和利用,推动创新要素流向高科技、高生产效率、高边际产出的企业和行业,实现创新资源最优配置。数据不仅是人工智能、大模型等新技术研发的必要"原材料",也是科研方法变革的重要推手,更是推动基础科学研究跨学科、跨领域协同创新的"调和剂"。《"数据要素×"三年行动计划(2024—2026年)》提出,以科学数据支撑产业创新,面向药物研发、生物育种、新材料研发、高新技术研发等领域企业,提供高质量科学数据资源与知识服务,助力提升企业自主创新能力。

第四,数据要素通过融合创新催生新产业、新业态、新模式。

习近平总书记指出，要积极培育新能源、新材料、先进制造、电子信息等战略性新兴产业，积极培育未来产业，加快形成新质生产力；科技创新能够催生新产业、新模式、新动能，是发展新质生产力的核心要素。数据在企业中的利用正在改变传统的业务逻辑和商业模式，生产、流通、消费逐渐数据化，进而改造价值链和创新链。一方面，通过对数据要素的深度挖掘和分析，企业可以即时精准地了解市场变化，并预测趋势，满足消费者个性化需求。近年来，数字消费、C2M（从消费者到生产者）、即时零售、数字工厂、数据商等新业态、新模式快速发展。比如，平台与厂商合作组织产销的C2M模式，有助于推动产品升级，提高产品附加值。另一方面，通过数据量的积累、数据分析能力的提升、数字化业务能力的提高，不断拓展服务的客户类型和数量，实现不同业务的联动拓展和服务行业的外迁扩大，产生"飞轮效应"。

第五，数据要素乘数效应大幅提高全要素生产率，打造经济发展新动能。"数据要素×"能提高全要素生产率，实现对经济发展的倍增效应。据麦肯锡估算，数据流动量每增加10%，将带动GDP增长0.2%，到2025年全球数据流动对经济增长的贡献将达到11万亿美元。数据要素对全要素生产率的推动作用主要体现在两方面：一方面，以"数"谋"新"，人工智能、区块链、深度学习、物联网等新一代数智技术的集成迭代与扩散，已渗透到研发设计、生产制造、客户服务等各个环节，加速信息流通，通过优化资源配置提升生产效率；另一方面，加"数"向"实"，通过数字技术和实体经济深度融合，对生产技术、生产方式带来全角度、全方位、全链条的改造，促进传统产业转型升级，不断提升产业的网络化、数字化和智能化水平，构筑新的动能和竞争优势。

综上，数据是劳动工具、劳动对象和劳动产出的综合物，加速渗透到生产、流通、消费等经济环节，为摆脱传统的资源消耗型经济增长模式奠定了物质基础，并演化为数字时代经济高质量发展的关键要素。推进"上云用数赋智"，有效发挥数据要素乘数效应，不仅催生新产业、新业态、新模式，而且推动产业深度转型升级，是数字经济快速发展背景下加速发展新质生产力的关键。数据要素乘数效应的实质是极大地释放和激发劳动者主导和统领其他所有要素产生的价值倍增效应，实现劳动者、劳动资料、劳动对象及其优化组合的跃升，推动创新链、产业链、资金链、人才链深度融合，推动生产力向更高级、更先进的质态演进。数据要素因其显著的乘数效应和创新引擎作用，必将成为新质生产力的核心生产要素。

完善数据要素市场化配置促进新质生产力加速形成

构建数据市场化配置体系是释放数据要素生产力的重要抓手。国家数据局围绕数据要素市场化配置改革正在推进系列重点工作，包括丰富完善数据基础制度体系、促进数据流通交易和开发利用、推动数据基础设施建设、推进数据领域核心技术攻关、强化数据安全治理等。数据要素市场化，既可以让不同领域和行业根据其应用场景获取具有非排他性、可再生的数据资源，促进新产业、新业态、新模式加快形成和发展，又可以推进数据要素协同优化、复用增效、融合创新，促进数据要素生产力释放，构建国际竞争新优势。

以数据为关键要素加快发展新质生产力的政策着力点主要包括以下方面：一要加快构建适应数据要素特征、促进数据流通利用、发挥数据价值效用的数据基础设施。围绕数据要素产权、流通、分配、治理，建设一体化数据汇聚、处理、流通、应用、运营、安全保障服务的网络、算力、数据流通和数据安全保障的新型基础设施，构建适应新质生产力发展的大型科学装置和公共科研平台，建立健全开源协议、标准规范、交易合同等规则。

二要加快建立健全公共数据资源开发利用体系。统筹推进政务数据共享，促进各地区、各部门有序开放政务数据，动态更新一批高质量数据共享和开放清单，推进跨层级、跨地区、跨系统、跨部门、跨业务的政务数据互联互通和共享应用。积极探索公共数据授权运营机制，明确授权运营机构的准入条件与退出机制，建立健全公共数据分类分级授权制度，探索采用集中统一授权、分行业分领域授权、依场景多层次分散授权等模式。

三要打造千姿百态的应用场景。探索按照行业建立大中小企业贯通的数据空间，引导大型央企、行业龙头企业、平台企业等，依法依规通过采取开放、共享、交换、交易等方式，探索和其他企业尤其是中小微企业之间的数据流通模式，赋能行业、产业链数据共享和交易。面向工业制造、现代农业、商贸流通、交通运输、科技创新、金融服务、医疗健康等重点行业领域，充分发挥政府、企业、社会组织等多元主体的主动性和创造性，挖掘数据流通交易需求，促进数据要素与行业场景融合。

四要大力培育数据商、第三方专业机构和数据交易机构。培育一批数据技术和产品研发、数据分析、数据安全、数据服务等各环节的数据商，支持第三方专业机构集聚发展，研发专业化、场景化数据开发利用解决方案，为行业性数据的汇聚流通提供便利。以各地既有的大数据产业集群或产业园区为依托，加快数据要素产业园区等载体建设，构建大中小企业、协会联盟等共同参与、开放协作的数据产业生态，提升评测咨询、供需对接、创业孵化、人才培训等服务水平。

五要培育壮大数据产业。围绕数据采集、治理、存储、流通、使用等数据全生命周期，逐步构建完整的数据产业体系。发挥平台企业、行业"链主"企业引领带动作用，依托高校合作组建一批数据实验室、数据研究院等创新平台，推动数据资源化、产品化和资产化。促进适应数据要素市场化的国内外开放体系建设，促进资本、数据等生产要素充分流动，构建网络空间命运共同体。

"数据要素×"与"东数西算"：
全国一体化算力网建设的关键 *

信息技术应用普及，数字经济发展速度之快、辐射范围之广、影响程度之深，正深刻改变经济社会的发展进程。算力作为数据处理能力的集中体现，随之成为重要的生产力。2023年12月23日，国家发展改革委、国家数据局发布《数字经济促进共同富裕实施方案》，强调要加快推动全国一体化算力网建设，弥合区域"数字鸿沟"。2024年1月4日，由国家数据局、中央网信办、科技部、工业和信息化部等17个部门联合印发的《"数据要素×"三年行动计划（2024—2026年）》正式公布，旨在推动数据要素的高水平应用，推进数据要素协同优化、复用增效、融合创新。推动算力高质量发展，助推数字经济蓬勃发展，已经成为重要课题。

---

* 作者：汪玉凯，中共中央党校（国家行政学院）教授、博士生导师，第三、第四届国家信息化专家咨询委员会委员。

"数据要素×"对国家算力建设提出新要求

"数据要素×"是国家数据局成立后提出的一个概念，也可以说是对数据要素本质的一种新概括，其核心在于将数据要素的放大、叠加、倍增价值充分挖掘和利用，让数据要素这座"富矿"在促进经济高质量发展和社会进步中发挥更大作用。为了说明问题，我们首先需要就数据要素本身的属性特征、"数据要素×"的内涵以及数据要素价值网络等进行一些必要的介绍和分析。

在人类社会发展的历史长河中，生产要素具有关键性作用，主要包括劳动力、土地、资本和技术。进入以互联网创新为标志的大数据、人工智能时代后，情况则出现了新的变化，其中最为重要的就是数据的重要性大幅度上升，并成为一种全新的生产要素。有人形象地将数据要素称为"经济增长的新能源"，就像石油、煤炭、天然气和电力对经济增长的重要性一样。也有人认为，随着数字技术和人类生产生活的深度融合，数据已经成为优化资源配置、提高生产效率的关键。正是基于这样的认知，我国在国家政策层面将数据确立为生产要素，成为全球第一个在国家政策层面将数据确立为生产要素的国家。2020年4月，中共中央、国务院发布《关于构建更加完善的要素市场化配置体制机制的意见》，数据作为一种新型生产要素首次写入了中央文件；2022年12月，《中共中央、国务院关于构建数据基础制度更好发挥数据要素作用的意见》发布，明确提出要建立数据要素流通和交易制度、数据要素收益分配制度、数据要素治理制度，促进数据高效流动使用，赋能实体经济。

数据要素与其他生产要素相比，有其独特的属性和特征。目前对数据要素的属性和特点的认识大体可以归纳两个层面：一是技术层面，二是经济层面。

从技术层面看，数据要素首先具有虚拟性。数据要素是指大量的数字、文本、图像、音频或视频等数据的集合，而且主要以电子文本的虚拟形式存在。虚拟性是数据要素区别于传统生产要素的主要特点，相比土地、劳动力等传统"有形"的生产要素，数据要素没有有形的存在物。其次具有非消耗性，即数据在使用过程中不存在损耗。相比传统生产要素在使用过程中会自然衰减或损耗，数字化形式的数据使用过程并不存在衰减或损耗，还可以永久存储，甚至可以重复使用，越用越多，形成巨大的规模效应。其次具有依赖性，即数据要素的价值创造必须依赖于网络、算力、算法、区块链、人工智能等技术，也需要依赖其他生产要素或资源，否则，数据要素就很难完成价值创造和价值实现。最后具有高速性。借助现代信息技术可以在瞬间处理海量数据。

从经济层面看，数据要素首先具有非竞争性，即它能够被

"数据要素×"的内涵和特征

"数据要素×"概念

"数据要素×"是国家数据局成立后提出的一个概念，核心在于将数据要素的放大、叠加、倍增价值充分挖掘和利用，让数据要素这座"富矿"在促进经济高质量发展和社会进步中发挥更大作用。

数据要素独特的属性和特征

技术层面	〉虚拟性	〉非消耗性	〉依赖性	〉高速性
经济层面	〉非竞争性	〉非排他性	〉规模性	〉价值性

数据要素存在的限制和要求

如何保护	如何合规	如何合理
数据安全 〉	使用数据 〉	利用数据

数据要素的价值

数据要素的价值释放不是简单地通过加的形式实现，而是以乘的形式呈现，数据量越多，应用的领域越广，积累的数据规模越大，同一数据使用者越多，其创造的经济价值和社会价值也就越大。

不同主体在多个场景下同时使用。这与传统生产要素大多处于竞争状态、在同一时点不能被多个主体同时使用是不同的。其次是非排他性，即数据的生成使用过程中并不排除其他主体的使用。数据生成过程涉及产品服务的供需双方、第三方平台、网络电信运营商等多个主体，使得数据信息自生成之时起就同时栖息在多个不同主体，加之数据资源易于扩散的特点，形成了数据要素使用过程中非排他的客观现状。再次是规模性。随着技术的进步和人类处理数据能力的提升，数据形成的规模巨大，且每年都呈指数级增长。而数据规模越大，种类越丰富，数据使用者越多，对经济社会的促进作用也越大。最后是价值性。数据蕴含巨大的经济价值和社会价值，可以为人类带来巨大的经济和社会效益，如政务、医疗、教育、金融、交通、能源等。

作为新型生产要素，数据要素虽然具有多方面优势，但其应用到具体的经济社会领域时，也存在诸多限制和要求。首先是如何保护数据安全，包括个人隐私、商业机密和政府信息安全等。其次是如何合规使用数据。数据要素的使用必须遵守国家相关法律法规，不得侵犯他人的权益。最后是如何合理利用数据。数据要素的价值在于其使用过程中要不断地挖掘和探索数据的潜力，以实现最大的效益。因此，不断提升算力、改善算法，引进新技术、新方法，成为提高数据利用效率的重要途径。

通过以上对数据要素基本特征的分析可以看出,数据要素的价值释放不是简单地通过加的形式实现,而是以乘的形式呈现,数据量越多,应用的领域越广,积累的数据规模越大,同一数据使用者越多,其创造的经济价值和社会价值也就越大,再加上其可复制、可重复使用的固有属性,使得数据要素与其他生产要素相比,显现独特的优势和特质,这也是国家提出"数据要素×"的原因。

2024年3月,信百会研究院与波士顿咨询公司(BCG)联合发布《数据价值网络》白皮书,不仅提出了数据价值网络的新概念,而且从经济学的视角对数据市场的现状、发展进行了比较深入的探讨和前瞻,主要内容包括四个方面:第一,对数据价值网络这一新概念作出明确定义。数据价值网络是指以数据要素作为交易流通对象的价值网络,涵盖了从数据生成到运用的一系列价值创造环节。价值链是价值流动的最基本路径,一系列价值链组成了数据价值网络。数据价值网络的首要环节是数据价值的创造,而数据价值创造要齐聚算力、数据、算法和应用场景四大要素,算力是基础,数据是原料,算法是手段,应用场景是价值产生的根本动力。

第二,对数据市场的整体状态进行描绘。在对数据价值网络内涵定义的基础上,白皮书从数据要素的需求、数据要素的供给、数据要素的流通、数据要素的应用以及数据要素基础设施保障这五个维度，全景式地分析了数据要素在优化资源配置、促进经济社会发展方面发挥的关键性作用，剖析了当前数据要素应用的痛点、难点，并提出了一些解决方式。

第三，对参与数据市场的各类主体的功能、定位、作用等进行比较深入的分析。白皮书认为，目前市场已经形成"4+1"的专业化分工格局：以决策、管理、服务、营销、研发、风险控制等为代表的需求方；以政府、金融机构、运营商、互联网以及交通、物流、医疗、汽车、能源等为代表的供给方；以数据聚合商、数据交易商、数据处理加工商等为代表的数据流通方；以应用解决方案供应商等为代表的数据服务商；再加上数据基础设施技术工具提供方。

第四，对未来数据市场的发展趋势进行了推演。白皮书认为，未来在政策利好的大背景下，数据需求方新应用场景将大量涌现，数据需求会爆炸式增长；数据供给方将有更多的数据对外开放，还会产生新的数据供给方。与此同时，数据价值流通链路将发生变化，数据需求与数据供给初步匹配形成数据流通链路雏形，新流量平台崛起；风控要求更加全面精准；人工智能的广泛应用以及在大模型的带动下将对数据流动路径带来重大变化：新数据源涌现，新数据标注自动化，以及通用大模型为专业大模型提供数据，形成新链路等。

通过以上对数据要素特征以及数据价值网络发展前景的分

析和介绍，我们可以清楚地看出，随着数据要素价值的释放，以及数据在优化资源配置、促进经济社会发展中作用的提升，作为数据基础设施的算力供给，将成为一个关键性话题。

"东数西算"工程对"数据要素×"行动及国家算力建设的影响

2022年2月，"东数西算"工程正式全面启动。这里的"数"是指数据，"算"是指算力，即对数据集的处理能力。其将东部密集的算力需求有序引导到西部，使数据要素跨域流动，织就全国算力"一张网"。在缓解东部能源紧张问题的同时，给西部发展开辟新路。在数字中国加速发展的背景下，"东数西算"工程将会对数字基础设施布局、西部数字产业发展、国家算力体系建设以及"数据要素×"行动产生重要影响。

数字基础设施是数字中国和网络强国建设的重要支撑。在"十四五"规划中，国家对未来信息基础设施建设作出了一系列重要部署。其总体目标是，围绕强化数字转型、智能升级、融合创新支撑，布局建设信息基础设施、融合基础设施、创新基础设施等新型基础设施。在建设重点方面，除了强调要加快5G网络规模化部署，扩容骨干网互联节点，加快互联网协议第六版（IPv6）商用部署，推动物联网全面发展等，特别提出要加快构建全国一体化大数据中心体系，强化算力统筹智能调度，建设若干国家枢纽节点和大数据中心集群，建设E级和10E级超级计算中心。实施"东数西算"工程，实际上就是在落实国家"十四五"规划中有关构建全国一体化大数据中心体系、强化算力统筹的重大战略部署。而这一部署的重要意义在于使以数字化为代表的新型基础设施布局更加合理——通过在西部相对落后地区部署为东部计算服务的算力枢纽节点和大型数据中心集群，实现国内地区间数字基础设施的相对平衡。按照规划，"东数西算"工程将在全国建设8个国家算力枢纽节点，其中5个集中在西部地区，具体包括成渝枢纽、内蒙古枢纽、贵州枢纽、甘肃枢纽、宁夏枢纽。随着这些算力枢纽建成并投入运营，必将从整体上改变以往数字基础设施较多集中在东部经济发达地区的格局，对于平衡数字基础设施布局、促进数字经济发展具有长远战略意义。

算力枢纽节点和一体化数据中心集群建设面临的一个重要问题是对电能的巨大消耗。我国东部地区虽然经济发达，但资源禀赋并不占优势，能源短缺是不容忽视的问题。相比之下，我国中西部地区资源禀赋相对较好，有较为丰富的资源储备，在能源供给方面一直扮演重要角色。例如，"西电东送"工程的实施极大地缓解了我国东部地区的能源压力。另外，我国的西北地区气温相对较低，在数据中心集群建设运营方面具有明显的气候优势。过去的若干年，我国西部一些地区利用自身的优势，已经在云基地、大数据中心建设方面进行了有益探索，并积累了丰富的经验。其中进入国家"东数西算"战略布局的贵州枢纽的贵安数据中心集群和宁夏枢纽的中卫数据中心集群，就是很好的范例。

贵阳是我国最早发展大数据产业的西部城市之一。贵阳具有发展数据产业得天独厚的优势，冬暖夏凉的气候条件和丰富的煤电、水电资源，加上中央政策的扶持，大数据产业快速发展，并产生越来越大的影响。贵安数据中心集群把促进云网边一体化融合发展、推动算力高质量供给作为重点，优化国家级互联网骨干直联点、国际互联网数据专用通道、贵州省根服务器镜像节点和国家顶级域名节点，推进与其他7个算力枢纽节点的直连网络建设，大幅度提高网络带宽、降低网络延时，推动基础设施云、平台云、软件云建设，实现云边高效协同，提升各行业各领域用户的使用体验感。

宁夏枢纽的中卫数据中心集群所在地中卫市，早在2014年就开始云基地建设，先后吸引了一批知名互联网企业进入，如亚马逊、阿里巴巴、腾讯、360等。中卫拥有建设云基地的独特优势：整体气候比较寒冷，且拥有充足的煤电、风电，以及全国最大的光伏发电基地，可以进一步降低数据中心集群的运行成本。随着云基地建设不断推进，一大批国内外优秀信息技术企业落户中卫，形成囊括互联网企业、电商巨头、IT领域、信息服务业等行业的智慧产业集群。据测算，中卫云基地正式建成后每年可实现销售收入100亿元，并带动数字经济的发展。

建设现代化产业体系，加快建设制造强国、质量强国、航天强国、交通强国、网络强国等，都离不开"数据要素×"行动和算力体系建设的支持。就算力体系建设而言，国家发展改革委、中央网信办等部门2021年5月印发的《全国一体化大数据中心协同创新体系算力枢纽实施方案》明确提出，构建数据中心、云计算、大数据一体化的新型算力网络体系，促进数据要素流通应用。这里的一体化主要将围绕五个方面展开：集群数据中心直联的网络一体化、"双碳"目标的能源一体化、各行业数据中心的算力一体化、数据开放共享的数据一体化以及智慧城市、重点应用领域的应用一体化。可以设想，未来全国一体化算力网形成后，可以有效解决东部经济发达地区算力不足的难题。就赋能"数据要素×"行动而言，"东数西算"工程通过构建以西部地区为主体的国家算力枢纽节点和数据中心集群，不仅可以促进全国一体化算力网形成，而且可以推动"数据要素×"行动实施，助力打造中国数字经济新优势。

一是推动工业互联网和智能制造迈上新台阶。在人工智能广泛应用的背景下，工业互联网与人工智能融合发展的趋势更加明显，而智能制造无疑是这种融合发展重要的应用场景。从工业互联网、人工智能融合发展与算力供给的关系来看，工业互联网、人工智能融合发展对算力的需求会越来越旺盛，要求也会越来越高。在企业内部，工业互联网平台汇聚内部算力资源、构建算力资源池，针对不同时段、不同用户和不同级别的算力需求，通过大数据分析统筹使用内部设备，提高设备使用效率和智能制造的水平；在企业外部，工业互联网平台对接各类算力供应商，通过租借、购买等方式，补充企业内部算力的不足，以提升整体算力水平，缩小人工智能应用需求和实际算力之间的差距。可以预见，"东数西算"工程的实施将为工业互联网和人工智能的融合发展提供强大的算力支撑。

二是赋能传统产业转型升级。算力作为新质生产力的重要代表之一，其作用的发挥直接影响数字经济的发展速度和社会智能化的发展高度。而以新型基础设施为支撑的"东数西算"工程，面向高速运转的数字经济，加快推进的数字产业化与产业数字化，以及全社会不断增长的算力需求，完全有可能在推动数字经济与实体经济深度融合发展方面发挥重要作用。可以设想，随着"东数西算"工程的落地实施，以网络为根基，以算力为中心，网、云、数、智、链等要素互融互通的一体化算力网络将逐步呈现。

三是为加快城市数字化转型和可持续发展提供算力支撑。近年来我国智慧城市建设加速推进，城市运行、管理和可持续发展成为重要议题。随着城市大脑、5G、大数据、云服务、物联网、区块链等新技术的应用，智慧城市对算力的需求大增。但受区位、气候、能源等多重因素的影响，数据中心小而散的问题比较突出。"东数西算"工程的启动、"数据要素×"行动的推进以及全国一体化算力网的建设，将在很大程度上满足智慧城市对算力的需求，也会涌现更多的算力供应商和算力交易平台，探索出更加健全的算力租赁、交易、托管等新型服务模式，更好助力智慧城市建设。

四是为消费互联网的拓展提供算力保障。与工业互联网不同，消费互联网主要是面对消费者个人的互联网服务，其主要特点是以个人用户为中心，以日常生活应用为服务场景，满足消费者在互联网中的消费需求，如出行、购物、旅游、娱乐、医疗健康、教育培训、社交等。消费互联网之所以能够在短时间内飞速发展，与其依托于强大的信息与数据处理能力，以及多样化的移动终端，在电子商务、交通出行、医疗教育、金融服务、文化娱乐、休闲旅游、社交网络、搜索引擎等行业形成规模化发展态势和完整的产业链条是分不开的。未来这方面的拓展空间依然很大。"东数西算"工程的实施以及"数据要素×"行动的推进，特别是大数据一体化的新型算力网络体系的构建，将会对不同区域、不同行业的数据资源进行有效整合，从而最大限度地发挥枢纽数据集群的功能，进一步降低算力成本，更好地为以民生服务为主要使命的消费互联网赋能。

破解"东数西算"工程推进的难点，为"数据要素×"行动提供保障

"东数西算"工程在推进的过程中会遇到诸多难题，需要我们认真加以解决，这样才能为"数据要素×"行动提供算力保障。比如，"东数西算"工程的主要目标是建设算力枢纽节点和数据中心集群，进而实现数据集群间的直联，形成全国一体化算力网。这意味着全国8个数据中心集群要率先实现互联互通，推动各行业数据中心的算力一体化、数据开放共享的数据一体化、重点应用领域的应用一体化以及实现"双碳"目标的能源一体化。而当前这一目标的实现，仍面临着一些约束。由此，"东数西算"工程需要形成新的建设思路或者打造新的模式。

第一，有效整合现有数据中心。"东数西算"工程的重要目标是通过构建国家数据枢纽集群，对各类数据中心进行必要的整合，最终形成全国一体化算力网。过去这些年，随着数字化进程的加快，各个地区、各个行业已经建设了大量的数据中心，并形成了相当规模的云服务能力，对数字化发展起到了重要的支撑作用。比如，北京抢占数字新赛道，加快算力基础设施建设，目前已形成1.2万P的算力供给规模，包括通用算力、智能算力和超算算力，如何防止重复建设、浪费等，仍然是不容忽视的问题。资料显示，目前全国31个省、自治区、直辖市都已建起了

大数据中心，许多地市甚至一些县区也在推进大数据中心建设。但从机柜上架率看，一线大城市机柜上架率相对较高，大体在50%，而三四线城市机柜上架率在10%—20%，存在资源浪费问题。由此可知，"东数西算"工程在实施过程中，应加大对已有数据中心的整合利用，避免出现重复建设和浪费问题。

第二，降低算力成本。数据中心维持运行需要消耗大量能源。有调研显示，2018年，全国数据中心总耗电量1500亿千瓦时，达到了社会总用电量的2.19%。预计到2025年，占比将增加近一倍，达到4.05%。作为国家战略工程，"东数西算"工程具有平衡数据中心运行能源消耗的功能作用，但在具体实践中，如何发挥好这一优势，还有许多问题需要解决。例如，西部地区的5个枢纽、6个数据中心集群所处的区位不同，能源生产成本有较大差异，能源的消耗量也会有所不同，如何平衡不同数据中心集群之间的算力成本，实现"双碳"目标下的能源一体化，需要提前谋划。

第三，更好发挥市场的力量。"东数西算"工程应坚持以应用为导向的建设方针，对于国家重点应用领域的算力需求，要优先予以保障。在消费互联网发展大潮中，由于市场作用发挥得比较充分，涌现出了诸多具有国际影响力的民营企业，如华为、阿里巴巴、腾讯、百度、京东、字节跳动等。这说明，在数字化领域，市场力量是非常关键的，地方政府只有找准自身的角色定位，正确处理政府作用和市场驱动的关系，充分发挥市场在资源配置、应用创新、需求牵引中的关键作用，才能保障算力行业的健康发展。同时，面对全社会各行业对算力的巨大需求，地方政府要保持冷静头脑，以满足算力应用需求为导向，在实践中创造新的发展。

科技创新为新质生产力"蓄势赋能"*

改革关乎国运，创新决胜未来。2024年国务院政府工作报告提出："大力推进现代化产业体系建设，加快发展新质生产力。充分发挥创新主导作用，以科技创新推动产业创新，加快推进新型工业化，提高全要素生产率，不断塑造发展新动能新优势，促进社会生产力实现新的跃升。"[1] 早在2016年，中共中央、国务院印发的《国家创新驱动发展战略纲要》，就已经明确提出建设创新型国家"三步走"战略目标，即到2020年进入创新型国家行列，到2030年跻身创新型国家前列，到2050年成为世界科技强国。面对这样伟大的目标和历史使命，我们需要以更大的勇气和毅力持之以恒地努力奋斗，让自主研发和自主创新成为中国社会发展的高度共识。

---

* 作者：谢梅，电子科技大学公共管理学院教授，博士生导师。
[1] 李强：《政府工作报告——2024年3月5日在第十四届全国人民代表大会第二次会议上》，新华社3月12日电。

强化国家创新体系建设，培育发展新质生产力

2024年1月，习近平总书记在中共中央政治局第十一次集体学习时强调："科技创新能够催生新产业、新模式、新动能，是发展新质生产力的核心要素。必须加强科技创新特别是原创性、颠覆性科技创新，加快实现高水平科技自立自强，打好关键核心技术攻坚战，使原创性、颠覆性科技创新成果竞相涌现，培育发展新质生产力的新动能。"[1]

自新中国成立以来，我国的科技创新体系经历了建立各类科研院所阶段、实施国家科技计划阶段、技术创新工程阶段和国家创新体系构建四个阶段。在第一个阶段，我国的科技创新是通过建立各种各样的研究机构，围绕国家安全等重大问题展开专项攻关，"两弹一星"的研制成功是其重要的标志。此时的科技创新模式是"政府主导"，创新动力来源于政府的指令，其利益不直接取决于它们的现实成果，当然也不承担创新失败的任何风险和责任。第二个阶段的科技创新模式是计划主导模式，国家通过出台系列的计划，包括国家重点科技攻关计划、高技术发展计划（"863"计划）、火炬计划、星火计划、重大成果推广计划、国家自然科学基金等，引领科技创新方向。第三个阶

---

[1]《加快发展新质生产力 扎实推进高质量发展》，《人民日报》2024年2月2日。

段是1995年以后，社会主义市场经济体制改革目标的确立给科技创新的宏观管理体制带来重大改变，企业创新被纳入国家创新体系建设中，并开始注重科技成果的商品化和市场化。1996年，我国启动《技术创新工程》，重点是提高企业的技术创新能力。1997年，中国科学院向党中央递交了《迎接知识经济时代，建设国家创新体系》战略报告，建议立即开始建设国家创新体系，包括知识创新系统、技术创新系统、知识传播系统和知识应用系统，并主动请缨，要求承担起国家知识创新工程的试点任务。第四个阶段是从2006年1月召开的全国科学技术大会开始。国务院2006年2月发布的《国家中长期科学和技术发展规划纲要（2006—2020年）》明确提出："国家创新体系是以政府为主导、充分发挥市场配置资源的基础性作用、各类科技创新主体紧密联系和有效互动的社会系统。"[1] 也就是说，只有在政府主导下，企业、科研院所、高校以及创新服务等各类科技创新主体形成整体性的、互动良好的机制，并形成持续的创新动能，才能从根本上建构起国家超强的科技创新能力。党的十八大以来，以习近平同志为核心的党中央坚持把创新作为引领发展的第一动力，把科技创新摆在国家发展全局的核心位置，不断地推动着

---

[1]《国家中长期科学和技术发展规划纲要（2006—2020年）》，中国政府网2006年2月9日。

我国科技事业在有计划的战略性全局性谋划下加快发展。当前科技创新不仅是发展新质生产力的核心要素,也是决定国家存续和未来发展的关键。可以说,科技创新能力和实力决定了一个国家的国际竞争力和世界影响力。

强固科技发展之本,推动新质生产力加快发展

强化企业创新主体的培育。党的二十大报告指出:"强化企业科技创新主体地位,发挥科技型骨干企业引领支撑作用,营造有利于科技型中小微企业成长的良好环境,推动创新链产业链资金链人才链深度融合。"[①]这一重要论述明确了强化企业科技创新主体地位的战略意义。2012—2022年,我国企业科技投入占全社会研发投入比例超过了76%,企业研发费用加计扣除比例从2012年的50%提升到2022年科技型中小企业和制造业企业的100%。全国高新技术企业数量从十多年前的4.9万家,增加到2021年的33万家,上交税额由2012年的0.8万亿元,增加到2021年的2.3万亿元。在上海证券交易所科创板、北京证券交易所上市的企业中,高新技术企业占比超过90%,为初创企业提供了场地、资金、技术等方面的支持帮助,降低了企业创新门槛和成本,加快了高科技企业的发展。

---

① 《习近平著作选读》第1卷,人民出版社2023年版,第29—30页。

当下，我国企业科技在研发与数量上持续保持中高速增长，表明我国企业技术创新主体地位正在不断增强，创新成为企业发展的第一动力。2023年10月的《全球企业创新指数2023》报告显示，华为、国家电网、中国电子科技集团、阿里巴巴、腾讯和百度等6家中国企业的科学研究实力已进入全球前20强，国家电网和华为的科技创新能力尤为突出。而在新能源领域，中国有7家企业进入前100强，国家电网、华为和OPPO已处于全球领先水平；而华为在新能源、先进制造、新材料和新一代信息技术四个行业的综合排名也进入全球前10强，分别位居第5位、第8位、第6位和第2位。显而易见，中国企业在创新主体、创新环境与创新机制的系统协调中已"聚沙成塔"，在国家创新体系的构建中走出了一条从自主创新到自主创造的强企、强国之路，为发展新质生产力提供了重要保障。

激活人才创新创造的活力。随着新一轮科技革命和产业变革的深入推进，科技创新对大国竞争的影响力进一步上升，顶尖人才、领军人才和创新人才成为大国角力的关键力量。中国是科技大国、人才大国、市场大国，但高精尖人才的规模与质量和大国地位不匹配，核心产业骨干人才供给不足，科技和产业发展中尚存在一些"卡脖子"问题，这都与创新人才的缺乏密切相关。创新的本质是人才创造力的释放。习近平总书记指出："要加大各类人才计划对基础研究人才支持力度，培养使用战略科

科技创新为新质生产力"蓄势赋能"

○ **强化国家创新体系建设，培育发展新质生产力**

新中国科技创新体系构建四阶段

| 建立各类科研院所阶段 | 实施国家科技计划阶段 | 技术创新工程阶段 | 国家创新体系构建阶段 |

○ **强固科技发展之本，推动新质生产力加快发展**

- 强化企业 ◆ 创新主体的培育
- 激活人才 ◆ 创新创造的活力
- 深化科技 ◆ 体制机制改革

○ **全面提高自主创新能力，培育新质生产力发展的新动能**

1. 加快推动科技核心要素聚集与产业化发展
2. 科学统筹对关键核心技术进行协同攻关
3. 扩大高水平对外开放，深化科技领域国际交流合作学家，支持青年科技人才挑大梁、担重任，积极引进海外优秀人才，不断壮大科技领军人才队伍和一流创新团队。"[1]意味着未来一段时期，根据科技发展新趋势，我国人才队伍建设将从重规模、重素质、重数量向重水平、重质量、重贡献转变，其核心就是要尽快建立起与国家战略发展相匹配的、具有全球竞争力的人才遴选、培育和发展体系。

深化科技体制机制改革。在创新驱动发展战略的大背景下，党的十九届四中全会首次将完善科技创新体制机制纳入坚持和完善我国社会主义基本经济制度范畴，这具有重大的理论和实践意义。党的十九届五中全会则明确提出要健全社会主义市场经济条件下新型举国体制。习近平总书记在讲话中明确指出："要健全社会主义市场经济条件下新型举国体制，充分发挥国家作为重大科技创新组织者的作用，支持周期长、风险大、难度高、前景好的战略性科学计划和科学工程，抓系统布局、系统组织、跨界集成，把政府、市场、社会等各方面力量拧成一股绳，形成未来的整体优势。"[2]由此可见，机制的建设与创新是整体创新的根本保障，只有科学完善的创新机制和制度，才能为自主创新解除束缚，才能有效推动科技与社会的深度融合、激发人才的

---

[1] 习近平：《加强基础研究 实现高水平科技自立自强》，《求是》2023年第15期。
[2]《习近平著作选读》第2卷，人民出版社2023年版，第472页。

创造潜能。比如，开展基础研究，就是实现高水平科技自立自强以及建设世界科技强国的根本路径。基础研究是整个科学体系的源头，是所有技术问题的总机关，对于推动前沿技术突破、促进科技的创新扩散具有举足轻重的作用。当前，新一轮科技革命和产业变革深入发展，科学技术和经济社会发展加速融合，基础研究的转化周期明显缩短，基础前沿成为国际科技竞争焦点。目前，我国在加强基础科学研究方面制定了从人才、资金、平台建设到管理方案、工作原则和国际合作等诸多方面一揽子行动计划。着力于科技创新机制的构建和完善，对于改变国家创新生态、加快发展新质生产力至关重要。

全面提高自主创新能力，培育新质生产力发展的新动能

新质生产力是创新起主导作用，具有高科技、高效能、高质量特征的先进生产力质态。进入21世纪，科技竞争的焦点不断前移，原始创新、关键技术创新和系统集成的作用日益突出，其中原始创新能力已经成为国家间科技竞争的核心，成为国际产业分工地位和全球经济格局的决定性因素。以科技创新培育发展新质生产力的新动能，可从以下方面着力。

首先，加快推动科技核心要素聚集与产业化发展。科学研究、技术创新说到底是一项系统工程，科技创新要素的整合是形成科技创新核心竞争力的前提。它们不仅包括资本、土地、劳动力、技术及数据等实体要素,还包括科学创新精神、价值观念等虚拟要素。增强企业创新核心竞争力的前提是各类科技创新要素,尤其是核心科技创新要素的聚集与整合,通过核心要素的聚集与整合打通产学研创新链和产品研发的产业链,并获得企业创新的可持续发展,包括保持创新活力、稳定研发队伍以及根据随时随地的市场变化进行及时的调整,等等。正如习近平总书记指出的:"整合科技创新资源,引领发展战略性新兴产业和未来产业,加快形成新质生产力。""要以科技创新引领产业全面振兴。要立足现有产业基础,扎实推进先进制造业高质量发展,加快推动传统制造业升级,发挥科技创新的增量器作用,全面提升三次产业,不断优化经济结构、调整产业结构。"[①]

其次,科学统筹对关键核心技术进行协同攻关。新中国成立以来,规模宏大的科技创新工程一般都需要广泛调动多个国民经济生产部门和专业技术部门进行协同合作。举国体制战略性地集中优势力量,以攻克重大项目或完成重要任务为主要目标,"两弹一星"、核潜艇等一系列科技创新工程都在极其艰难的条件下取得了成功。科技重大专项如"嫦娥"奔月、"祝融"探火、

[①] 《牢牢把握在国家发展大局中的战略定位 奋力开创黑龙江高质量发展新局面》,《人民日报》2023年9月9日。

"羲和"逐日,"奋斗者"号万米深潜,"复兴号"驰骋神州,量子信息、干细胞、脑科学等前沿方向实现重大突破,与新型举国体制优势的发挥紧密相连。这一体制既发挥我国社会主义制度能够集中力量办大事的显著优势,强化党和国家对重大科技创新的领导,又充分发挥市场机制作用,围绕国家战略需求,优化配置创新资源,强化国家战略科技力量,大幅度提升科技攻关体系化能力,在若干重要领域形成竞争优势、赢得战略主动。

最后,扩大高水平对外开放,深化科技领域国际交流合作。当前,国际科技合作面临少数国家单边主义、保护主义的冲击和挑战。人类要破解共同发展难题,比以往任何时候都更需要国际合作和开放共享,没有一个国家可以成为独立的创新中心或独享创新成果。习近平总书记强调:"要扩大高水平对外开放,为发展新质生产力营造良好国际环境。"[1]在新征程上,我们要以科技创新赋能新质生产力,以高质量发展参与全球创新治理,努力在原始创新上取得新突破,在重要科技领域实现跨越发展,在关键核心技术方面实现自主可控,以高水平科技自立自强助推中国式现代化,为世界科技强盛作出中国贡献。

---

[1]《加快发展新质生产力 扎实推进高质量发展》,《人民日报》2024年2月2日。

汇聚新质生产力发展的绿色动力[*]

发展新质生产力是推动高质量发展的内在要求和重要着力点。生产力的新质，是由新技术催生的新产业、孵化的新业态、孕育的新模式、拓展的新领域、开辟的新赛道、滋生的新动能、培育的新优势所系统集成的高效能、高效率、高质量。加强新质生产力的理论研究，深刻理解和把握新质生产力的绿色特质，大力倡导和践行绿色生产方式、绿色生活方式，着力推进绿色治理，开创国家治理现代化的新境界。

绿色生产方式拉动新质生产力发展

绿色生产方式是科技含量高、资源节约、环境友好、产品优质、生态协调的生产方式。以发展战略性新兴产业、未来产业带动产业深度转型升级为重点，从供给端为新质生产力发展注入绿色动力。

---

[*] 作者：杜黎明，四川大学马克思主义学院教授、博士生导师，四川省中国特色社会主义理论体系研究中心特约研究员。

全面推行绿色生产方式以厚植新质生产力的绿色底蕴。出于积累绿色财富和增加人类生态福利，实现人与自然和谐共生的考虑，绿色生产方式在自然界良性运行的大格局中审视社会生产全过程、各环节。全面推行绿色生产方式，一是倡导绿色文化。牢固树立和践行新发展理念，坚持绿水青山就是金山银山；对照产业绿色升级的具体需求，结合企业清洁生产的具体要求，不断深化对绿色发展的认识，推进绿色生产入细入微。二是规范和引导资本健康发展。防止资本野蛮生长，避免资本无序扩张，积极扬弃资本逻辑占主导地位的传统生产方式。三是加快实现高水平科技自立自强。产学研用资源整合，壮大绿色技术创新主体，造就专精特新"小巨人"企业、培育绿色技术创新领军企业，坚持区域协同、主体联动，打造创新联合体。发挥新型举国体制，加强原创性、引领性科技攻关，坚决打赢关键核心技术攻坚战；加速科技研发与成果转化，增强关键技术和核心技术的标准供给。

发展战略性新兴产业带动传统产业绿色转型升级。战略性新兴产业以重大前沿技术突破为支撑，受重大发展需求的牵引；具有知识技术密集、物质资源消耗少、成长潜力大、综合效益好的特征，是抢占经济社会发展制高点的重要抓手。通过产品和生产要素流动，战略性新兴产业既展现出显著的资源再配置效应，又形成对传统产业的技术溢出效应，进而推动传统产业绿色转型升级。充实新质生产力发展的绿色动力，一是战略性新兴产业撬动传统产业发展的资源优化配置。以锻造产业绿色竞争新优势为主线,将绿色理念融入传统产业的产品设计、制造、包装、运输、使用到报废处理的各环节,推动传统产业绿色低碳转型升级,助力新兴产业绿色低碳高起点发展。二是战略性新兴产业关联带动传统产业绿色转型升级。着力发展新一代信息技术、生物技术、新能源、新材料、高端装备制造、新能源汽车、绿色环保以及空天海洋产业等战略性新兴产业,推动互联网、大数据、人工智能等与各产业深度融合,着力提升产业数字化、智能化同绿色化一体发展的水平。

发展未来产业联动产业升级和绿色生产方式培育。未来产业尽管在当下仅出现发展的苗头,甚至尚处于理念设计和发展构想阶段,但代表着未来科技和产业发展新方向,是有望成为战略性新兴产业的前瞻性和先导性产业。促进未来产业发展,一是要立足于适应人类全面发展和人类解放的诉求,致力于回应国家安全发展、社会长治久安、经济安全的需求变化以精准"选种";二是要着眼于"产—学—研"协调联动,形成企业、政府、科研机构的合力以精心"播种";三是打破创新要素流动的部门限制、地区壁垒,建设全国统一的技术交易大市场,调动各部门、各地区的积极性,激发各类主体的活力以悉心"育种";四是将超大规模人口优势、市场优势转化为技术试错、产业发展模式试错的条件和资源,丰富未来产业应用场景以用心"培苗"。激活未来产业发展的当下活力，重在开辟类脑智能、量子信息、基因技术、未来网络、深海空天开发、氢能与储能等未来产业新赛道。释放未来产业联动产业升级的活力，既要利用传统产业的资本积累和技术积累，充实未来产业试错的底气和根基，又要及时将未来产业的发展成就转化为传统产业转型升级的动力。

绿色生活方式牵动新质生产力发展

绿色生活方式的内涵丰富，人与自然、人与社会和谐共处是其核心追求。生活方式的绿色转型从需求端撬动和发挥市场的导向作用，以绿色需求牵动绿色供给的方式，为新质生产力发展注入绿色动力。

深刻理解和把握绿色生活方式的实践要求。绿色是生命的象征，是大自然的底色，绿色生活是美好生活的基础和前提。绿色生活方式崇尚绿色消费，重视体悟绿色精神，注重践行绿色价值观，强调依据经济社会发展的现实条件和具体的生活场景确立实践遵循。倡导和践行绿色生活方式，一是日常生活自律，适度节制物欲。坚持勤俭节约，遵循商品消费适量原则，避免过度消费，禁止铺张浪费；坚持物质满足和精神愉悦相协调，杜绝脱离商品使用价值过度追求商品的符号价值。二是绿色消费偏好，自觉践行绿色替代。支持绿色产品和服务，主动选择绿色技术、绿色产品和绿色服务，坚持以绿色产品和服务替代非绿色产品和服务；绿色餐饮、绿色居住、绿色出行同向发力，形成和汇聚绿色替代的市场合力。三是自觉推崇和传播绿色文化，自觉履行节约资源、保护环境的绿色责任。思想是行动的先导，只有当绿色追求内化为居民的价值观和行为准则，才能使绿色生活方式成为时尚，成为居民的自觉选择。

以新型基础设施供给引导和培育绿色生活方式。高端绿色消费离不开新型基础设施的支撑，具有较强的供给引导性和主体示范性。新型基础设施是面向高质量发展需要，以新发展理念为引领，以技术创新为驱动，以信息网络为基础，提供数字转型、智能升级、智慧生成、融合创新等服务的基础设施体系。新时代引导和培育绿色生活方式，要以泛在先进的信息基础设施为突破，统筹推进宽带网络、物联网、数据中心建设，以刺激和引导数字应用和数字消费，催生孕育新型消费模式。加大对传统基础设施的"数字+""人工智能+"的改造升级力度，创生高效协同融合的基础设施，以开创智慧交通、智慧健康等消费新场景，拓展智能制造、工业互联网等生产性消费，激发智慧金融、智慧文旅、智慧养老等生活性消费。有为政府与有效市场协同，加大供给顺应消费升级的基础设施；大力建设充电站和充电桩，以刺激和支持新能源车消费；以信息化智能化智慧化交通设施供给、轨道交通发展、交通工具共享，引导和鼓励居民绿色出行，培育绿

汇聚新质生产力发展的绿色动力

绿色生产方式：拉动新质生产力发展

- 全面推行绿色生产方式以厚植新质生产力的绿色底蕴
- 发展战略性新兴产业带动传统产业绿色转型升级
- 发展未来产业联动产业升级和绿色生产方式培育

绿色生活方式：牵动新质生产力发展

- 深刻理解和把握绿色生活方式的实践要求
- 以新型基础设施供给引导和培育绿色生活方式
- 绿色生活方式为新质生产力发展营造良好的环境和条件

绿色治理：推动新质生产力发展

政府 — 企业 — 社会组织 — 科研机构

凝聚绿色治理推动新质生产力发展的多元主体合力

信息化　数字化　智能化

新技术

赋能精准绿色治理

创新治理手段、治理方式

提高绿色治理效率

色生活新时尚。

绿色生活方式为新质生产力发展营造良好的环境和条件。发展新质生产力需要节约资源、关爱环境的劳动者，需要绿色文化的孕育和滋养。首先，绿色生活方式造就发展新质生产力所需的劳动者。劳动者是能动的生产力要素，新质生产力发展需要富有绿色底蕴的高素质劳动者。绿色生活方式历练劳动者的生态环保意识，劳动者在绿色消费中养成的勤俭节约、关爱环境的习惯，形成的绿色技术和绿色产品偏好自觉延伸到生产活动中，进而提高绿色科技创新和先进绿色技术推广与应用的效率。其次，绿色生活方式催生和繁荣新质生产力发展所需的绿色文化。绿色文化以绿色追求和绿色价值观念为无形内核，以绿色制度规范和绿色发展成就为有形表现，以资源节约、环境友好的行为选择和具体活动为微观载体。绿色生活方式衍生出对绿色文化的需要和追求，激发人们对绿色产品和服务的消费意愿，以需求牵引供给的方式助力绿色生产力发展。最后，绿色生活方式涵育绿色生产关系。绿色生活方式深入人心，有助于制定实施支持绿色发展的财税、金融、投资、价格政策和标准体系，推动各类优质资源要素向绿色生产领域倾斜，使绿色生产方式获得更广阔的发展空间。

绿色治理推动新质生产力发展

绿色治理把绿色发展理念贯穿到经济社会发展全过程各方面，突破把绿色治理仅局限于环境治理的思维局限，将绿色理念全面植入国家治理，开创国家治理现代化的新境界。

凝聚绿色治理推动新质生产力发展的多元主体合力。政府、企业、社会组织、科研机构等多元主体合理分工、协同耦合，是提高绿色治理效率的重要保障。政府制定实施绿色治理的战略与规划，以法律法规、行政手段的强制约束，促使绿色治理有效推进，指明新质生产力的发展航向，是推进绿色治理的主导力量。企业履行绿色治理的法定责任和社会责任，把绿色治理目标融入企业发展目标之中，将绿色治理的要求具体落实到企业日常生产经营活动中，是推进绿色治理的关键力量。社会组织提供绿色治理的市场中介服务，举办绿色公益活动，营造绿色治理促进新质生产力发展的良好社会氛围，是推进绿色治理的重要力量。科研机构深入研究绿色治理的理论与实践，提供绿色治理实践推进的决策咨询和政策建议，充实绿色治理促进新质生产力发展的智力支持、技术支持。社会公众积极响应政府的绿色治理号召，回应企业的绿色发展诉求，以言行示范、相互影响的方式，使绿色治理促进新质生产力发展入细入微，是推进绿色治理的微观主体。

信息化、数字化、智能化新技术赋能精准绿色治理。科学技术是第一生产力，通过技术赋能，推进绿色治理精细化、精准化、科学化发展。一是大数据助力精准治理。利用数字化传感器、遥感技术等进行实时的环境监测，通过大数据精准分析了解环境状况，及时为绿色治理提供科学依据。二是物联网助力治理效率提升。利用物联网技术实现设备间的互联互通和实时监测，以实现对控制污染源、提高治理效率的追求。三是数字技术赋能绿色治理。拓展数字技术在太阳能、风能、光伏等清洁能源开发利用中的运用场景，在高效利用能源的同时促进绿色能源的推广应用，助力新能源产业高质量发展。利用数字化技术进行交通管理、城市基础设施管护，大力推进数字城市、智慧城市建设，以提高治理的时效性，助力城市生活绿色化转型。四是智能化赋能绿色治理。推动电子政务平台的智能化改造升级，提高政府治理的透明度，通过信息公开增强公众对环境问题的了解，促使企业更加自觉地履行环保责任。

创新治理手段、治理方式提高绿色治理效率。有效市场和有为政府协同联动，不断开创绿色治理效率提升的新境界。一是市场驱动绿色治理数量化衡量与评价。定性的规范和定量的标准同向协同发力，才能使绿色治理真正走深入细。以实施"双碳"战略为例，碳排放交易体系是国际上公认的成本较低的减碳制度，创新绿色治理的市场化手段，亟须建立统一规范的碳排放统计核算体系。完善生态补偿机制，发展绿色金融，同样需要绿色治理数量化衡量与评价的支撑。二是有为政府集成绿色治理手段。生态环境系统治理，不仅需要一体构思源头预防、过程控制、损害赔偿、责任追究，并做出明确的量化规定，而且需要产业政策、创新政策、市场准入等经济政策与生态环境政策的协调配合，特别是环保标准和产业政策衔接配套，激发和释放量化标准硬性约束对绿色治理成效的保障功能。

为新质生产力发展
提供人才引领支撑*

  2023年9月，习近平总书记在黑龙江考察时首次提出"新质生产力"概念。2023年12月，中央经济工作会议强调："要以科技创新推动产业创新，特别是以颠覆性技术和前沿技术催生新产业、新模式、新动能，发展新质生产力。"[①]2024年1月，习近平总书记在中共中央政治局第十一次集体学习时强调："发展新质生产力是推动高质量发展的内在要求和重要着力点。""为发展新质生产力、推动高质量发展培养急需人才。"[②]2024年3月，习近平总书记在参加十四届全国人大二次会议江苏代表团审议时强调："要牢牢把握高质量发展这个首要任务，因地制宜发展新质生产力。"[③]新质生产力，是我国在走中国式现代化道路上，通

---

* 作者：孙锐，中国人事科学研究院研究室主任、研究员，中国人才研究会副秘书长。
① 《中央经济工作会议在北京举行》，《人民日报》2023年12月13日。
② 《加快发展新质生产力 扎实推进高质量发展》，《人民日报》2024年2月2日。
③ 《因地制宜发展新质生产力》，《人民日报》2024年3月6日。

过实践探索总结提炼出来的一个理论概念，它不仅是对马克思主义生产力理论的继承和发展，也为新发展阶段我国加快科技创新、推动高质量发展提供了重要学理支撑和实践指导。新质生产力与高质量发展、科技创新紧密联系，更与人才作用密切相关。其中不仅深刻蕴含要进一步突出、强化人才要素特别是创新人才要素核心作用的内在要求，更为回答中国要走一条创新驱动、人才引领，加快建设世界重要人才中心和创新高地的人才强国之路提供了逻辑解析和道路诠释。

人才驱动是发展新质生产力的本质要求和内在意涵

新质生产力是创新驱动型生产力，也是人才驱动型生产力。习近平总书记指出："国家科技创新力的根本源泉在于人。"[①] "创新驱动本质上是人才驱动。"[②] 作为传统生产力的进阶和跃迁，新质生产力是创新起主导作用，摆脱传统经济增长方式、发展路径，具有高科技、高效能、高质量特征，符合新发展理念的先进生产力质态。创新驱动本质上是人才驱动。因此，新质生产力本质上也是人才驱动型生产力。以人才创新作用发挥为核心，以高质量发展为目的的新质生产力，将会带来高价值性、高延展

---

① 习近平：《在科学家座谈会上的讲话》，人民出版社2020年版，第8页。
② 习近平：《深入实施新时代人才强国战略 加快建设世界重要人才中心和创新高地》，《求是》2021年第24期。

性、难以模仿性和难以复制性，为一个经济体实现加速赶超和可持续发展提供核心能力。

对新质生产力而言，科技创新、高质量发展是其核心意涵，与之匹配的不再是以简单重复劳动为主的普通劳动者，而是与研发、创新密切关联的科技创新型人才，特别是那些能够做出原始性发现、颠覆性创新，带领我们走入科技"无人区"的战略科学家、一流领军人才和优秀青年科技人才，还有那些能够熟练掌握、使用新质生产资料和生产对象的应用型人才，即以卓越工程师为代表的工程技术人才和以大国工匠为代表的高技能人才。进一步而言，新质生产力比传统生产力更加依赖于高素质、创新型的劳动者，高水平人才这一最活跃的生产力要素，通过调动发挥其内在创新创造能力，组织、整合新型劳动资料和劳动对象，开展复杂性的创新活动，特别是智力密集型、知识依赖型的原始性、颠覆性创新活动、"从0到1"技术创新活动，从而催生新产业、新模式、新动能。

当前，全球科技创新进入空前密集活跃时期，以数字经济、人工智能、生物医药、量子信息、清洁能源等技术为主的新一轮科技革命和产业变革方兴未艾。这些前沿性、战略性、颠覆性技术的不断突破，正在重构全球创新版图、重塑全球经济结构，与我国加快转变经济发展方式形成历史性交汇。面对世界百年未有之大变局，党中央提出加快实施创新驱动发展战略。

习近平总书记强调,实施创新驱动发展战略决定着中华民族前途命运。全党全社会都要充分认识科技创新的巨大作用,敏锐把握世界科技创新发展趋势,紧紧抓住和用好新一轮科技革命和产业变革的机遇,把创新驱动发展作为面向未来的一项重大战略实施好。而这种战略范式的升级和转变,要求我们在未来一段时间进一步实现科技创新由学习模仿走向前沿突破,实现若干重大发展课题的自主独创解决,形成引领全世界向前发展的动能和势能。

人才是经济发展的基础性支撑。经济发展战略是一级战略,人才发展战略是二级战略,人才发展要服务于经济社会发展的总体目标。面向经济高质量发展、高水平科技自立自强,其关键路径在于通过实施创新驱动发展战略,将传统生产力升级为新质生产力,并以此作为持续发展的动力源泉。习近平总书记强调,发展是第一要务,人才是第一资源,创新是第一动力。中国如果不走创新驱动道路,新旧动能不能顺利转换,是不可能真正强大起来的,只能是大而不强。强起来靠创新,创新靠人才。人才政策、创新机制都是下一步改革的重点。由此,人才发展及人才政策在落实创新驱动发展战略、在培育新质生产力的发展布局中,都起到了重中之重的作用。

从党的十八大提出"加快确立人才优先发展战略布局",到2018年习近平总书记提出"确立人才引领发展的战略地位",这是一次国家人才总体战略的升级，与当前加快培育新质生产力的人才工作同频转向。放在发展新质生产力的要求下来看，人才优先发展的内涵仍旧是将人才资源要素与数字资源、金融资源、土地资源等物质资源要素放在同等位置，但是人才发展要"先行一步"。而人才引领发展的内涵发生了重大变化，它是将人才资源要素摆在其他各类生产要素的前列，人才发展不仅要"先行一步"，而且要发挥人才引领驱动作用。从"人才优先发展"到"人才引领发展"的调整转变，体现着党和国家对新时代走中国式现代化道路内在要求和基本规律的深刻认识和把握，同时，也与发展新质生产力的人才要求一脉相承。

高质量发展的竞争是新质生产力的竞争，也是人才的竞争

人才发展及其作用发挥对形成新质生产力具有内生性和路径依赖性。历史上发达国家高速发展的事实表明，一个处于加速追赶进程中的国家或竞争实体，其人才智力资源，特别是由高精尖人才水平、总体人才质量、人才发展活力所组成的人才智力资本，对其战略赶超效率发挥着倍增效应。研究表明，一个经济体发展的阶段越高，其人力资本和专业型人力资本对其经济发展的贡献率越大。根据世界银行的测算，在发达经济体的要素贡献率当中，人力资本包括专业型人力资本的贡献率达到了70%。由此可见，高水平人才对培育和发展新质生产力的贡献不仅会产生直接正向作用,甚至会产生非线性的爆发性正向效应。

环顾世界发展大势,我们可以看到,培育和发展新质生产力,将有一个战略机遇期,新质生产力的形成发展不抓紧,就会落后。其中,人才助推发展的马太效应,或者说新质生产力捆绑的人才发展协同放大效应,在一定程度上为新质生产力的先发国家"越跑越快"提供了动力。

笔者在实践调研中发现,当前我国不同地区,其人才工作发展也处于不同的发展阶段,大体可划分为城市化进程、传统工业化进程、新型工业化进程和创新经济发展进程四个阶段。其中,处于城市化阶段的地区(例如西部一些依靠农牧业和旅游经济发展的后发地区),首先要解决"人才在哪里""人才从哪里来"的问题;处于传统工业化阶段的地区(例如包头),首先要解

表1 **不同经济发展阶段人才工作的主要任务及人才发展对地方经济社会发展的作用**

经济发展阶段	人才工作的主要任务	人才发展对地方经济社会发展的作用
城市化进程	解决"人才在哪里""人才从哪里来"的问题	/
传统工业化进程	解决"人才有没有""多不多"的问题	/
新型工业化进程	解决"人才强不强""活不活"的问题	跨入新型工业化进程后,也即形成和依靠新质生产力的阶段。"人才引领"成为新质生产力发展的主要标志物,在此阶段人才发展对地方经济社会发展的贡献产生了规模效应和变轨效应
创新经济发展进程	解决"人才优不优""精不精"的问题	

决"人才有没有""多不多"的问题；处于新型工业化阶段的地区（例如宁波），首先面临解决"人才强不强""活不活"的问题；处于创新经济发展阶段的地区（例如深圳），要大力解决"人才优不优""精不精"的问题，而在这一阶段中，配置高端创新创业要素、汇集顶尖人才智力、开展基础原始创新，代表国家参与世界科技创新竞争是其重要任务和机遇挑战（见表1）。

相关调研认为，总体上，当前全国大部分地区正处于由传统工业化阶段迈入新型工业化阶段的关键节点，或已进入新型工业化阶段；处于创新经济发展阶段的地区较少，但其数量在不断增加。其中显现出的基本规律是，当进入新型工业化阶段即完成"动能转换"之后，引进一个人才、组建一个团队、兴起一个产业，其中的人才"雁阵效应"会成为一种常态化现象。在这一阶段，人才引领成为新质生产力发展的主要标志物，在此阶段人才发展对地方经济社会发展的贡献产生了规模效应和变轨效应。

从新质生产力来看，所谓"动能转换"，其核心是以信息化、数字化、智能化提升传统制造业的发展质量，实质上是将传统生产力升级为新质生产力的转变过程。当前的世界人才高地，如美国硅谷、以色列特拉维夫、法国苏菲亚园区等已经由创新经济阶段进入大脑型经济阶段，其竞争正是基于新质生产力发展水平的竞争，而表现为高端人才争夺、留用和"人才创新创业生态系统"塑造的竞争。这表明，新型人才力量的发展趋势在某种程度上正反映着新质生产力的发展趋势。

以人才创新发展为牵引培育新质生产力的地方探索

近年来，我国在载人航天、探月工程、深海探测、超级计算、北斗导航、大飞机制造等一批前沿领域取得了核心技术突破，高速铁路、5G通信、新能源汽车、疫苗等重大创新成果领世界潮流之先，华为、腾讯、字节跳动、阿里巴巴、大疆等正成长为世界级头部企业，这为形成壮大新质生产力奠定了坚实基础。与此同时，中央提出在北京、上海、粤港澳大湾区建设高水平人才高地，在一些中心城市建立吸引集聚人才平台，为新质生产力的发展提供了重要机遇。近期，各地以人才创新发展为牵引，培育新质生产力的地方探索呈现出如下特点。

一是依托特色资源禀赋，打造差异化人才工作体系。北京聚焦打造具有世界影响力的科创中心，以中关村科学城、怀柔科学城、未来科学城和北京经济技术开发区"三城一区"建设为引领，启动拔尖人才培养战略行动，实施关键核心技术"攻坚战"计划、成果转化人才培育"朱雀计划"，建立科技成果转化学院、国家火炬创业学院，大力盘活驻京高校院所科教资源，吸引优秀科技成果就地转化。上海围绕打造具有全球影响力的科技创新中心，基于自贸区和张江自主创新示范区，打造"双自联动"人才改革试验区，大力汇聚集成电路、生物医药、人工智能全球创新创业资源，深入实施国际引才聚才工程，建立"学科（人才）特区"，探索外国专业人才"自由执业"制度改革，按照薪酬水平推动外籍人才市场化评价，产生了国际引才传播效应。杭州围绕打造互联网+"创新创业新天堂"，大力推动城西科创大走廊建设，加快大科学装置落地，支持西湖大学等民办大学超常规发展，聘任阿里云创始人王坚担任之江实验室主任，建立人才服务银行，培育阿里系等创业创新人才"新四军"，推行"店小二"人才服务，以特色小镇人才集聚模式推动产业、投资、创新、人才、服务"五链融合"。

二是推动产才互嵌融合，塑造城市新动能新优势。苏州围绕打造世界一流生物医药"大脑型"园区，与"世界生命科学圣地"美国长岛冷泉港试验室共建亚洲会议中心，将新加坡园区打造成为全球生命科学网络核心节点，形成35000余名高层次研发人才集聚、交流、合作的生物医药创新生态圈，近期其新药创制、医疗器械、生物技术等规模以上企业的总产值超过2100亿元。宁波聚焦先进制造业发展，重构现代制造业产业人才体系，与吉利汽车集团共建杭州湾汽车学院，实施"2年在校+2年在企"数字化汽车工程师联合培养新探索，对学院引进的博士师资，按照在编教师与吉利工程师的双身份管理，在编制、考核、待遇方面大胆创新，实现"产业人"和"高校人"的"无缝链接"。沈阳推动中德园及中德学院建设，建立了"一个中德学院+一个跨企业实训中心+N个企业培训中心"的双元制技术技能人才培育新体系，形成了企校人才培养"双主体""双教师""双教材""双证书"产教深度融合人才培养新机制。

三是深化人才发展体制机制改革，增强区域人才竞争力。深圳"一人一策"为顶尖科学家量身定制事业平台，仿照美国国立卫生研究院NIH建制，建立深圳医学科学院并引进美国普林斯顿大学终身讲席教授颜宁出任创始院长、执掌深圳湾实验室主任；为微软前全球执行副总裁沈向洋定制打造特殊事业平台，引起广泛带动影响；支持腾讯公司基金会等市场化机构设立10亿元"科学探索奖"，每年遴选50名青年人才开展前沿基础研究。深圳前海通过资格认定、合伙联营、执业备案等特殊安排，为香港金融、财税、法律、规建等专业服务人士在前海执业创造便利条件；深圳河套深港科技创新合作区，试行科创合作跨境政策，加快推动两地数据、物质、资金以及人员流通。珠海横琴对在横琴粤澳深度合作区工作的境内外高端人才和紧缺人才，个人所得税负超过15%的部分予以免征。广州南沙推动将香港科技大学（广州）开展重点人才项目自主举荐试点，探索建立南沙粤港澳三地共建共管人才协同发展促进机构。

调研表明，各地在主动融入国家发展战略布局，大力发展战略性新兴产业和未来产业，汇聚国际优秀人才和创新资源，打造人才干事创业新型平台，深化重点人才发展体制机制改革，推动人才链、创新链、产业链、创业链深入融合，发展孕育基础性、颠覆性创新方面先行先试，在培育新质生产力方面占得先机。未来这些人才中心城市将在国家层面上成为培育和发展新质生产力的示范区和增长极。

提升新质生产力水平的人才工作对策发力点

近年来，我国在推动高质量发展、高水平科技自立自强和人才队伍建设方面取得了很多重要成就。但与加快培育新质生产力的最新要求相比，还有许多不适应的地方，例如高精尖人才严重不足、高水平技术技能人才供给不够，人才创新产出的世界级贡献不多等。在人才培养、使用、引进和激励方面存在重学历，轻技能；重书本，轻实践；重白领，轻蓝领；重论文，轻实绩；重资历，轻能力；重增量，轻存量；重引进，轻培育；重院所，轻企业等问题。为此，我国需要加大改革创新力度，加快培养新质生产力发展所需紧缺人才，加紧建立与新质生产力相匹配的新型生产关系和制度体系。

一是畅通教育、科技、人才"三位一体"良性循环。在工作实践中，当前还广泛存在教育、科技、人才工作各说各话、各办各事、各自为政的相互脱节、"两张皮"问题。习近平总书记在二十届中共中央政治局第十一次集体学习时强调："要按照发展

为新质生产力发展提供人才引领支撑

○ **提升新质生产力水平的人才工作对策发力点**

1 畅通教育、科技、人才"三位一体"良性循环

2 培育匹配新质生产力发展的战略人才力量

3 深化重点领域人才发展体制机制改革

○ **人才创新发展的地方探索**

▶ 依托特色资源禀赋，打造差异化人才工作体系

▶ 推动产才互嵌融合，塑造城市新动能新优势

▶ 深化人才发展体制机制改革，增强区域人才竞争力

新质生产力要求，畅通教育、科技、人才的良性循环，完善人才培养、引进、使用、合理流动的工作机制。"为此，要聚焦高质量发展、高水平科技自立自强最高目标，开展"三位一体"流程再造，重构部门间统筹协同运行机制，明晰相关工作逻辑、权责体系、组织职能和操作运行机制，形成服务新质生产力发展的职能整合、体系贯通和动力支持系统。坚持大系统观念，对标新质生产力发展要求，推动创新链、产业链、资金链、人才链深度融合，深化产教融合、产城融合、科教融汇，一体化解决人才自主培养质量不强、工程人才培养"科学化"、人才培养与使用相脱节、"钱学森"之问未解答、人才创新活力激发不足以及"从0到1"和"卡脖子"科技问题的人才支撑度不够等重点问题，充分发挥头部企业和产业联盟作用，建立前沿项目、人才发现机制，构建新型人才创新发展支持平台和一体化政策保障平台。

二是培育匹配新质生产力发展的战略人才力量。对标新质生产力发展，人才首先要能够服务高质量发展和高水平科技自立自强，其中更加突出专业性、创新性、技能性、发展性和贡献性。新时代的人才发展要面向世界科技前沿、经济主战场、国家重大需求、人民生命健康。为此，我们要大力实施名家大师、战略科学家、青年科技人才、卓越工程师、"大国工匠"培育计划，建立新动能、新经济产业骨干人才、"天才少年"、战略企业家、现代服务人才支持计划，加大数字经济、人工智能、量子技术、生物医药、商业航天等重点新兴产业人才开发投入。推动实质性产教融合、校企合作，大力实施"订单式"人才培养，推广"清华姚班"经验，实施"天才少年"书院制培养试点，打造应需化、多样化的继续教育新体系。在国家重点项目实施中，对资深专家设置人才培养任务指标。建立新型企业学徒制，打造新时代权威性"新八级工"制度。

三是深化重点领域人才发展体制机制改革。围绕激发人才创新活力，创新人才资源、创新资源配置方式，下大力气打通束缚新质生产力发展的制度堵点卡点。完善新型举国体制，打破传统事业单位管理体制，创新国家实验室引才用才体系，用好用足人才调用调配机制；建设一批大科学装置、发起设立国际大科学计划，建立更加灵活人才集聚使用制度，支持新型研发机构创新发展。对标国家赋予的使命定位，对各类高校院所建立使命达成任期考核制度，试点理事会管理改革，使机构领导能上能下、能进能出。以世界一流原始创新为导向，建立国际一流人才主导的人才发展体系和科研体系，进一步扩大领衔科学家全权负责制和"PI"负责制范围。针对从事基础研究、科技攻关、应用转化和技术开发人才，加快建立分层次、分类别，体现其具体创新价值、能力、贡献的评价体系。推动人才、科研平等竞争，改变凭人才"帽子"获取各类资源的配置方式。探索技术经理人制度，按照科研规律优化科研经费支出项目，推广经费"打包制"试点。建立体现知识、技术、人才市场价值的收益分配机制。加快形成科学家本位的科研组织体系，完善科研任务"揭榜挂帅""赛马"制度，建立健全目标导向的"军令状"制度。下决心改革高校科研和医疗事业单位官僚化管理体制，将"行政本位"转换为"专家本位"，构建"使命导向型""专家本位型"的人事人才管理制度。分层分类推动人力服务业态升级，支持人才资本服务机构业务创新，提高市场化人才资本配置效率。

以法治推动新质生产力发展，破除堵点卡点[*]

2023年9月，习近平总书记在黑龙江考察调研期间首次提出"新质生产力"。2024年1月31日，习近平总书记在中共中央政治局第十一次集体学习时，强调加快发展新质生产力，扎实推进高质量发展。概括地说，新质生产力是创新起主导作用，摆脱传统经济增长方式、生产力发展路径，具有高科技、高效能、高质量特征，符合新发展理念的先进生产力质态。近年来，我国经济发展面临一些新挑战，大国间竞争日益激烈，诸如中美"脱钩"及"贸易战"，境外投资额增长趋缓，国内新生人口下降，等等。新质生产力的提出将为我国经济发展指明重要方向。新质生产力将使推动经济高质量发展成为社会共识，成为社会发展的主旋律。近年来，我国科技创新成果丰硕，高质量发展取得一定成效。新质生产力如何更好支撑和推动高质量发展，需要

---

[*] 作者：邓建鹏，中央财经大学法学院教授、博士生导师，金融科技法治研究中心主任。

我们从理论与实践上总结成效,分析新质生产力面临的一些体制机制障碍,推动新质生产力加快发展。

影响新质生产力发展的主要因素

发展新质生产力就是要实现先进优质生产要素顺畅流动,建立高标准市场体系。高标准的市场体系助推良好的市场环境,有利于更好地改造提升传统产业,培育壮大新兴产业,布局建设未来产业。要完善现代化产业体系,首先要分析当下经济高质量发展面临的机制体制障碍。正如习近平总书记强调:"要深化经济体制、科技体制等改革,着力打通束缚新质生产力发展的堵点卡点。"[①]着力净化市场环境,去除制约经济高质量发展的制度因素,更好地激发市场主体的活力,提高竞争力。民营经济在我国经济社会发展中扮演了重要角色,它是经济增长的重要引擎,是就业创业的主要载体,是技术创新的重要主体。时至今日,关于"民营经济"有"五六七八九"的说法,即民营经济贡献了50%以上的税收、60%以上的国内生产总值、70%以上的技术创新成果、80%以上的城镇劳动就业、90%以上的企业数量。整体而言,民营经济是市场中更具有活力和创新精神的成分。民营经济是技术创新的重要主体,其健康良好发展能够增

[①]《加快发展新质生产力 扎实推进高质量发展》,《人民日报》2024年2月2日。

强经济的活力与韧性，助力实现高水平科技自立自强。民营经济还是共同富裕的关键力量，也是经济高质量发展的坚实基础。但是，当前民营经济高质量发展面临诸多现实障碍，因此，厘清影响新质生产力发展的制度因素，重点要围绕民营经济展开。

这表现在以下几方面。一是部分涉及社会与经济的法规政策制定透明度不足，促进民营经济发展与创新的制度体系亟待优化。有的法规与政策在制定过程中缺乏与包括民营企业家在内的市场主体合理协商和沟通，部分出台的法规或政策缺少缓冲期，部分法规与政策存在朝令夕改现象，导致市场主体对法制与政策环境缺乏稳定预期，影响企业的持续生产、经营、投资活动及企业经营活力。二是以"放管服"为主线的政务环境需要优化。实践中，政府服务市场经济的效率不够、力度不足、监管精准度不佳，尤其在一些案件中，个别执法及司法机构利用行政或刑事手段干预民营企业涉及的民商事纠纷，侵害民营企业家的合法权益，严重影响民营企业家的经营活动与信心。三是以公平竞争为核心的市场机制亟待完善。民营经济在制度设计与实践探索中存在不同程度的不平等，这包括民营企业与其他所有制企业类型的平等地位问题，民营企业融资难问题，民营企业家人身权利与合法财产权充分受法律保护问题，民营企业自主经营权问题，等等。四是为发展新质生产力提供保障的知识产权制度仍需健全。部分知识产权制度与代表新质生产力的技术创新的脱节、知识产权保护执法不力或滥用、知识产权保护缺乏国际协调等问题仍然存在。这些因素成为阻碍民营企业、民营经济发展新质生产力的掣肘，可能影响民营经济将科技创新成果与具体产业融合，不利于提升全要素生产力、实现高质量发展。不健全的民营经济环境是影响新质生产力发展的重要因素。

法治对民营经济和新质生产力的意义

要打通束缚新质生产力发展的堵点卡点，建立高标准市场体系，创新生产要素配置方式，让各类先进优质生产要素向发展新质生产力顺畅流动，核心是围绕民营经济领域，坚定不移地贯彻"法治是最好的营商环境"的理念。党的十八届四中全会通过的《中共中央关于全面推进依法治国若干重大问题的决定》提出："社会主义市场经济本质上是法治经济。使市场在资源配置中起决定性作用和更好发挥政府作用，必须以保护产权、维护契约、统一市场、平等交换、公平竞争、有效监管为基本导向，完善社会主义市场经济法律制度。"[1] 党的二十大报告对营造市场化、法治化、国际化一流营商环境作了全面部署，并指出"毫不动摇鼓励、支持、引导非公有制经济发展，充分发挥市场在资

---

[1]《中共中央关于全面推进依法治国若干重大问题的决定》，人民出版社2014年版，第12页。

源配置中的决定性作用","优化民营企业发展环境,依法保护民营企业产权和企业家权益,促进民营经济发展壮大"[①]。

市场经济是以市场作为根本手段调节社会资源合理分配的经济形态。高效的市场经济本质上是法治经济,优良营商环境的基础是法治。法治固根本、稳预期、利长远的保障作用得到有效发挥,将持续推动民营经济磅礴发展,这必将为整个社会的经济高质量发展起到重要的风向标作用。其不仅要求在企业家维护自身合法权益时能得到公正的司法裁决,也要求政府恪守依法行政的基本精神。一流的营商环境要求区分政府与市场主体间的合理边界,为政府的责任承担与企业家的经营自主权确立界线。这种稳定预期与界线,是保障市场活力和提升企业家长期经营信心的基石,更是推动新质生产力加快发展的制度保障。

法治化的营商环境也同我们党坚定不移地加强知识产权保护、开展国际合作与对外开放的基本精神一致。营商环境主要是指市场主体在市场经济活动中所涉及的体制机制性因素和条件。参照近年党中央的重要政策文件、《民法典》及国务院出台的《优化营商环境条例》基本原则和精神,各级政府应持续深化简政放权、放管结合、优化服务改革,减少公权力对市场资源

[①]《习近平著作选读》第1卷,人民出版社2023年版,第24页。

的直接配置，减少政府对市场活动的直接干预，提升政务服务能力和水平，降低制度性交易成本，激发市场经济的活力和社会创造力。经济和社会发展的动力主要源于市场主体的活力和科技创造能力，这方面尤以民营经济为代表。改革开放以来，民营企业一直冲在经济发展的最前沿。民营企业家往往对经济发展与经济走向更具敏锐性，他们的经营行为和组织管理往往代表了市场中最具发展潜力的方向，是引领科技创新的风向标。因此，通过法治途径持续优化营商环境，最大限度地激发民营企业家的创新创造的活力，将有利于把市场主体的发展动力转化为先进生产力，推动新质生产力快速发展。

此外，新质生产力本身也是绿色生产力。要构建绿色低碳循环经济体系，则需要进一步发挥市场经济的基础作用。社会主义市场经济的本质在于发挥市场的主导作用，以"无形之手"促进资源优化配置，推动企业低成本、高效率的生产经营活动。低成本、高效率的生产力需要发挥绿色金融的牵引保障作用，并契合《民法典》中的绿色发展原则。持续优化支持绿色低碳发展的经济政策工具箱，亦同样需要法治化的营商环境。金融本质上是跨时间和空间的系列契约，与实物贸易不同，金融业对未来结果的可预期性、稳定性有着很高要求。只有完善发达的法治化环境，才能保证金融契约在未来某个时空能高效、低成本地得到执行。综观全球，金融强国无一例外均是法治国家。因此，坚定不移地优化法治环境，对助力绿色金融发展，进而推动绿色金融对技术革命性突破、生产要素创新配置及产业深度转型升级全周期和整体环节的赋能作用，指引民营经济的生产经营活动向低成本、高效率和绿色发展转型。这些制度设计要求政府积极主动作为，维护公平竞争市场秩序，鼓励和支持科技创新，充当市场公平竞争的维护者和市场主体合法权益的保障者，助推新质生产力纵深发展。

助推新质生产力发展的法治路径

一是增强法规政策制定的透明度和稳定性。各级政府制定与市场主体生产经营活动密切相关的法规政策时，应当充分听取包括民营企业在内的市场主体的意见，并向社会公开征求意见和反馈意见采纳情况。各级政府应增强法规政策实施的科学性，新出台的法规和政策应结合实际，为市场主体留出必要的适应调整期，并加强统筹协调、合理把握出台节奏、全面评估政策效果，避免因政策叠加或相互不协调，对市场主体正常生产经营活动造成不利影响。对法规与政策的立改废和调整实施，各级政府部门亦应充分听取市场主体的意见，使市场主体对未来的生产经营活动形成稳定的预期，合理信赖在法律范围内的经营行为能受到有效保护。法规政策制定透明度和稳定性的增强，可帮助民营企业更好地规划投资和生产，为企业和投资者提供清晰的规则和指导，降低经营风险，激发创新活力，同时吸引更多投资，推动产业链完善和优化，促进产业升级，有利于民营企业促进新技术、新产品的研发和推广，推动新质生产力的培育和壮大。

二是优化政务环境。一方面，政务环境的高效与否直接影响到民营企业的经营效率和经营成本。我国营商环境与国际先进水平相比仍有一定的差距，必须在深化"放管服"改革上有更大突破，使市场主体活力和社会创造力持续迸发，为经济社会发展提供强劲动力。各级政府可参考《优化营商环境条例》对"放管服"改革关键环节确立的已有基本规范。近年来我国持续推进"放管服"改革，营商环境明显改善。在减轻民营企业经营负担的环节，各级政府部门应严格落实国家各项减税降费政策，

助推新质生产力发展的法治路径

1	增强法规政策制定的透明度和稳定性
2	优化政务环境
3	营造公平竞争的市场环境
4	完善知识产权保障机制

及时研究解决政策落实中的具体问题,确保减税降费政策全面、及时惠及民营企业;降低民营企业税费成本,完善税费优惠政策精准推送机制,简化办理流程;同时严禁各级政府部门以乱收费、摊派等各类方式变相向企业索取利益,在无法律依据的前提下无端增加民营企业的经营成本。另一方面,在行政执法层面,各级政府应持续开展"三乱"专项整治行动,规范行政执法的自由裁量权,合理确定裁量范围、种类和幅度。政府各部门在行政执法时应依法慎重实施行政强制,减少对民营企业正常生产经营活动的影响,不得随意采取要求市场主体大规模停产、停业的措施,尤其是避免出台的政策及行政执法简单粗暴地"一刀切"。与此同时,各级政府应建立负面清单管理模式,破除各类市场准入门槛的限制,改变准入门槛模糊不清等问题。另外还应建立行政处罚免罚清单、减轻处罚清单和从轻处罚清单。执法机关和司法机关以法规明确禁止的负面清单为依据,不能任意干预各类市场主体的经营自由。各执法与司法机关应严格区分民营企业所涉及的经济纠纷、行政违法和刑事犯罪,区分民营企业作为单位的犯罪与民营企业家个人的犯罪行为,市场监管机构指导企业加强行政和刑事合规体系建设。执法和司法机构在办理民营企业家相关案件的过程中,应严格依法办案,特别是坚决防止利用刑事手段查处民商事案件,对滥用查封、扣押、冻结等强制措施等行为应追责问责。

三是各级政府应坚持营造公平竞争的市场环境，落实权利平等、机会平等、规则平等，保障不同所有制市场主体平等受到法律保护。首先，应着重平等对待包括民营企业在内的各类市场主体，各级政府应依法保护各类市场主体在使用生产要素、享受支持政策、参与招标投标和政府采购等方面的平等待遇，为各类市场主体平等参与市场竞争强化法律支撑。其次，各级政府应依法平等保护企业经营者的人身和财产安全，明确权责关系，规范市场秩序。保障市场主体依法享有经营自主权，推动建立全国统一的市场主体维权服务平台等。企业主体合法财产权益的有效保护是实现"有恒产者有恒心"的基石。各级政府依法促进各类生产要素自由流动，保障国有企业与民营企业公平参与市场竞争，激发非公有制经济活力和创造力。落实民营企业家长期对公平竞争、政策同等、法律平等的呼吁，为民营企业家建立稳定的预期和正向的市场反馈，推动其更积极尝试新的生产技术和管理模式，使其更容易吸纳和应用新型生产力。提振民营经济必将大大提升民众对中国市场的信心。最后，营造公平普惠的金融支持环境。各级政府应聚焦解决民营企业"融资难、融资贵"问题，明确鼓励和支持金融机构加大对民营企业的支持力度，降低民营企业综合融资成本。金融监督管理部门要完善对商业银行等金融机构的监管考核和激励机制，鼓励、引导其增加对民营企业的信贷投放。金融机构在授信中不得设置不合理条件,不得对民营企业设置歧视性要求。

四是完善知识产权保障机制。在民营经济的科技创新从自主发明、成果转化、产品更新的各个环节中,调整适应新质生产力发展的知识产权法律和制度体系。科技创新能够催生新产业、新模式、新动能,是发展新质生产力的核心要素。新质生产力以科技创新为驱动要素,其对于构建自主知识体系提出了很高的要求。因此,各级政府需要在知识产权保护、自主科学学术研究方面创造良好机制,让科技创新行为得到市场尊重,使创新成果能够形成市场价值。加强科技创新,使原创性、颠覆性科技创新成果竞相涌现,是培育发展新质生产力的新动能。笔者认为,数字经济集区块链、信息技术、人工智能及大数据等于一体,代表了前沿经济发展的方向,是当前发展新质生产力的关键抓手。要以数字经济高质量发展加快培育新质生产力,通过发挥法治化市场经济的作用,引导民营经济在提高数字经济的创新能力方面下功夫。

各级政府切实保护知识产权,使科技创新者充分享受创新的成果,推动技术创新市场化转化,利用好制度和市场资源进一步支持技术创新。各级政府重点加强知识产权保护,探索建立知识产权侵权惩罚性赔偿制度,推动建立知识产权快速协同保护机制,严格打击企业知识产权的侵权或盗用等行为,有效规范市场行为、保护数据安全和隐私,妥善解决技术创新带来的伦理和社会问题。同时,政府应当按照鼓励创新的原则,对新技术、新产业、新业态、新模式等实行包容审慎和动态持续监管，制定和实行相应的监管规则和标准，同时为市场新业态留足发展空间。与知识产权保护密切相关，国家应顺应国际科技合作大趋势，坚持以开放促改革、促创新，在更广阔的空间布局科技创新，在开放合作中提升民营经济的软实力，增强科技自立自强能力。总之，上述法治具体路径将有利于降低企业制度性交易成本，减少制度摩擦，为推动新质生产力加快发展打下良好基础。

我国围绕民营经济，坚定不移地优化法治化营商环境，将为新质生产力发展创造更加良好的制度环境。相关法治化途径将再度明确向国内外发出清晰信号——国家全面有效保护包括民营企业在内的各类市场主体的合法权利，营造良好的市场环境，进一步稳定市场主体预期，提振市场主体信心。中国政府继续坚持市场化、法治化和国际化原则，以市场主体需求为导向，以深刻转变政府职能为核心，深化"放管服"改革，进一步放宽市场准入，加强公正执法和公正司法，优化政务服务，完善法治保障。最大程度释放中国经济增长潜力，还应高度重视扩大高水平对外开放水平，加强国际科学技术合作，打造具有国际竞争力的数字产业集群，为发展新质生产力营造良好国际环境。总之，推动新质生产力加快发展，就是要继续坚持完善法治化的营商环境，为各类市场主体投资兴业营造稳定、公平、透明、可预期的良好环境。

图书在版编目（CIP）数据

思维导图图解新质生产力 / 人民日报人民论坛杂志社主编；李晓华等著 .
-- 北京：东方出版社，2024.6.
ISBN 978-7-5207-3977-1

Ⅰ . F120.2-64

中国国家版本馆 CIP 数据核字第 2024PV8084 号

思维导图图解新质生产力
（SIWEIDAOTU TUJIE XINZHISHENGCHANLI）

作　　者：	人民日报人民论坛杂志社 主编
	李晓华等 著
责任编辑：	邓　翃
出　　版：	东方出版社
发　　行：	人民东方出版传媒有限公司
地　　址：	北京市东城区朝阳门内大街 166 号
邮　　编：	100010
印　　刷：	北京汇瑞嘉合文化发展有限公司
版　　次：	2024 年 6 月第 1 次
印　　次：	2024 年 6 月第 1 次印刷
开　　本：	640 毫米 × 950 毫米　1/16
印　　张：	19
字　　数：	220 千字
书　　号：	ISBN 978-7-5207-3977-1
定　　价：	69.80 元

发行电话：（010）85924663　85924664　85924641

版权所有，违者必究
如有印装质量问题，我社负责调换，请拨打电话：（010）85924725